MQL4 언어를 활용한 EA코딩

MQL4언어를 활용한 EA코딩
돈 되는 코딩을 하라! 알고리즘분석 시스템 트레이딩!

초판 1쇄 발행 2015년 5월 22일
초판 2쇄 발행 2016년 2월 24일
개정판 1쇄 발행 2024년 7월 15일

지은이 김국한
펴낸이 잔김수
펴낸곳 지식과감성#
출판등록 제2012-000081호

교정 및 편집 지식과감성#
마케팅 김윤길, 정은혜

주소 서울시 금천구 벚꽃로298 대륭포스트타워6차 1212호
전화 070-4651-3730~4
팩스 070-4325-7006
이메일 ksbookup@naver.com
홈페이지 www.knsbookup.com

ISBN 979-11-392-1987-6(13000)
값 18,000원

• 이 책의 판권은 지은이에게 있습니다.
• 이 책 내용의 전부 또는 일부를 재사용하려면 반드시 지은이의 서면 동의를 받아야 합니다.
• 잘못된 책은 구입하신 곳에서 바꾸어 드립니다.

홈페이지 바로가기

국내최초출간 MQL4랭귀지(MT4플랫폼)

MQL4 언어를 활용한 EA코딩

개정판

입문자용

김국한 지음

돈 되는 코딩을 하라!
알고리즘분석 시스템 트레이딩!

MQL4랭귀지는 자동매매프로그램을 코딩하는 언어의 명칭입니다. 메타트레이더4(MT4) 플랫폼에서 구현되며, 외환을 비롯한 다양한 CFDs금융상품들에 대한 분석작업이 가능합니다.

시스템트레이딩을 통해서 매매원칙을 고수하고, 철저한 데이터분석과 감정통제가 가능합니다.

MT4과거시뮬레이션을 활용하여, 프로그램으로 구현된 나만의 매매로직에 대한 과거 매매성과를 확인 할 수 있습니다.

+ 일러두기

Chapter 01 메타트레이더4(MT4) 플랫폼

Chapter1에서는 MT4플랫폼에 대한 소개와 MT4 관련 정보를 열람할 수 있는 인터넷 사이트들에 대한 소개가 나와 있습니다. 그리고 EA에 대한 소개와 특장점들, EA를 MT4플랫폼에서 구동하는 방법에 대해 배울 수 있습니다. 또한 MT4의 가장 큰 매력 중 하나인 과거데이터를 활용한 전략시뮬레이션을 하는 방법과 결과 레포트 해석을 통해 MT4플랫폼과 EA의 전반적인 활용에 대해 알아볼 수 있습니다.

Chapter 02 MQL4언어 기본문법

Chapter2에서는 MQL4언어를 구성하는 기본문법에 대해 다루고 있습니다. EA의 기본 구조와 변수, 함수, 그리고 MQL4언어의 특징에 대해서 이론과 더불어 실전 예제와 함께 배울 수 있습니다.

Chapter 03 MQL4 실전코딩

이전 Chapter들을 통해 배운 MT4플랫폼과 MQL4언어를 활용하여 본격적으로 실전 코딩에 대해 배울 수 있습니다. 조건식과 그에 따른 포지션 진입과 청산을 간단한 예문을 통해 접할 수 있으며, 소스에 대한 상세 설명이 곁들어져 있어서 코딩 입문자도 보다 쉽게 배울 수 있습니다.

Chapter 04 실전매매전략과 코딩

Chapter4를 통해 다양한 매매전략과 그에 대한 코딩에 대해 상세하게 학습할 수 있습니다. 기술적분석을 활용한 다양한 보조지표 매매전략에서부터, 캔들패턴매매전략, 추세/역추세 및 박스권 횡보장 매매전략, 그리고 마틴게일에 이르기까지 대중적이면서도 트레이더라면 꼭 알아야 하는 매매전략에 대한 소개와 코딩법에 대해 배울 수 있습니다. 또한 프로그램 배포를 위한 보안 설정 코딩에 대해서도 다루고 있습니다.

Chapter 05 모니터링 및 관리

Chapter5에서는 EA구동을 위한 환경적인 부분에 대해 알아볼 수 있습니다. 전략시뮬레이션 환경의 특성을 비롯하여, 모니터링 사이트 연동, VPS사용, 그리고 무료 EA개발 툴에 대해 다루고 있습니다.

PROLOGUE

MQL4는 비전공자도 독학하여
활용할 수 있도록 만들어진 언어입니다

메타트레이더4플랫폼(이하 MT4)은 2005년 7월에 처음 출시되었으며, 전세계 외환 트레이더들이 가장 많이 이용하는 매매플랫폼입니다. MT4를 기반으로 한 중개사업, 자산운용, 시그널제공 및 교육사업 등과 같은 다양한 비즈니스 수익모델들이 존재하며, 편리한 매매기능, 광범위한 기술적 분석과 자동매매기능 등이 MT4의 장점입니다.

안타까운 사실은 MT4가 출시된 지 10여 년이 지났지만 국내에는 MT4와 그 랭귀지언어(MQL4)에 대한 제대로 된 정보나 서적을 찾아 볼 수 없습니다. 관심만 가지면 누구나 누릴 수 있는 훌륭한 도구임에도 불구하고, 아직까지 빛을 못 보고 있는 것입니다.

MT4는 무료로 다운로드(http://www.metatrader4.com/en/download) 받아서 사용할 수 있습니다. MT4는 다양한 외환상품을 비롯하여 선물과 골드/오일과 같은 금융상품에 대한 가격 움직임을 실시간으로 모니터링하며 분석할 수 있는 툴을 제공합니다. 국가별 거시경제를 분석하여 투자활동에 적용하는 트레이더 나 딜러, 전업투자자, 그리고 학교에서 금융투자나 전산과정에 있는 학생이 MT4 와 MQL4언어를 활용할 수 있다면, 투자활동에 있어서 차별화된 본인만의 무기 를 하나 가지는 것과 같습니다. 그리고, MT4에서 분석한 결과를 바탕으로 실제 매매를 할 수 있으며, 국내에서는 API를 통해 증권사 HTS와 MT4를 연동하여 사 용할 수 있습니다.

MT4가 제공하는 기능들 중 가장 매력적인 것 중 하나가 바로 'EA'를 활용한 시 스템트레이딩입니다. EA란 Expert Advisor의 줄임말로서 미리 입력한 로직에 따라 컴퓨터가 자동으로 매매하는 시스템입니다. 그리고 전략시뮬레이션을 통해 EA의 매매성적이 과거에는 어떠하였는지 검증할 수 있습니다.

국내에서 최초로 출간 되는 MQL4 프로그래밍 언어관련 서적이기에, 내용구성과 단어 선정에 많은 주의를 기울였습니다. 그리고 프로그래밍 경험이 없는 비전공자도 독학이 가능하도록 상세한 설명을 첨부하였으며, 챕터별 단계적으로 난이도가 심화되도록 내용을 구성하였습니다. 그리고 실전 매매에서 사용하는 매매전략을 예로 사용하여 소스코딩과 코딩해설을 더하였습니다.

독자는 이 책을 통해 매매원칙의 로직화와 감정통제의 중요성을 익히며, 타인에 의존한 매매나 혹은 감정에 휩싸인 매매에서 벗어나 자신만의 확고한 원칙으로 트레이딩과 시장분석에 대한 의사결정을 내릴 수 있게 될 것 입니다. 이는 곧 철저한 리스크 관리를 통한 투자금 보호와 합리적인 수익추구를 통해 지속적이고 안정적인 매매 수익을 창출하는 방법을 배울 수 있도록 합니다.

금융산업의 꽃은 트레이딩입니다. 한국의 금융산업도 이제는 자국 내 중개수수료에 의존하는 단순한 수익모델에서 벗어나서, 전세계를 대상으로 트레이딩 수익을 가져오는 실력 있는 트레이더들이 많이 배출되었으면 좋겠습니다.

본 서적은 MetaQuotes사와 아무런 관련이 없으며, "Meta Trader", "MQL" and "Expert Advisor" 이 단어들은 MetaQuotes Software Corp의 고유 트레이드마크임을 밝힙니다.

본 서적에서 제공하는 MQL4소스들은 EA코딩 학습용으로만 활용해야 하며, 실거래 적용에 따른 결과에 대한 책임은 사용자 본인에게 있습니다.

목차

PROLOGUE MQL4는 비전공자도 독학하여 활용할 수 있도록 만들어진 언어입니다 006

CHAPTER 01
메타트레이더4(MT4) 플랫폼

1. 메타트레이더4 소개 — 016
    1-1. 메타쿼츠(MetaQuotes)/메타플랫폼HTS — 016
    1-2. 메타플랫폼 관련 웹사이트 — 018

2. EA설치 & 메타에디터 사용법 — 020
    2-1. EA개요 및 특장점 — 020
    2-2. EA설치부터 차트에 적용하기 — 021
    2-3. EA개발단계 — 028

3. 전략시뮬레이션 — 031
    3-1. 가격데이터 다운로드 — 031
    3-2. 전략시뮬레이션 실행 — 032

3-3. 전략시뮬레이션 결과 ··· 033
3-4. 전략시뮬레이션 결과 리포트 해석 ··· 034

CHAPTER 02
MQL4언어 기본문법

1. EA 기본구조 ··· 038
    1-1. MQL4 들어가기 ··· 038
    1-2. 기본뼈대 ··· 040

2. 데이터 타입 ··· 041
    2-1. 정수 integer ·· 042
    2-2. 실수 double ·· 042
    2-3. 참/거짓 bool ··· 043
    2-4. 문자열 string ··· 043

3. 연산자와 표현식 ·· 044
    3-1. 산술연산자(arithmetical operations) ··· 044
    3-2. 지정/단축연산자(assignment operations) ·································· 045
    3-3. 관계연산자(relational operations) ··· 045
    3-4. 논리연산자(boolean/logical operations) ··································· 046

4. 반복문 ··· 048
    4-1. for구문 ·· 049
    4-2. while구문 ·· 052

5. 함수(Functions) — 055
    5-1. 스페셜함수 — 055
    5-2. 스탠다드함수 — 055
    5-3. 사용자함수 — 056

6. 변수(Variables) — 058
    6-1. 상수와 변수(Constants and Variables) — 058
    6-2. 변수의 활용 — 060
    6-3. 지역/광역/외부 변수 — 061

CHAPTER 03
MQL4 실전코딩

1. 진입조건설정 — 067
    1-1. if조건문 — 067
    1-2. switch조건문 — 070

2. 주문하기 — 072
    2-1. OrderSend()활용 — 072
    2-2. OrderSend()속성에 대한 설명 — 072

3. 청산하기 — 076
    3-1. OrderClose()활용 — 076
    3-2. OrderModify()활용 — 078

CHAPTER 04
실전매매전략과 코딩

1. 보조지표(Indicators)를 활용한 EA — 082
    1-1. 이동평균선 — 085
    1-2. 볼린져밴드 — 090
    1-3. RSI상대강도지수 — 097

2. 캔들(시간봉)매매전략 EA — 103
    2-1. 캔들 활용 기본이론 — 103
    2-2. 추세 패턴기법 — 108
    2-3. 기간돌파 & 박스권 패턴기법 — 110
    2-4. 다른 통화쌍과 다른 캔들봉 활용 기법 — 112

3. 분할매매 전략 EA — 112
    3-1. 에버리징 기법 — 113
    3-2. 피라미딩 기법 — 118

4. 마틴게일매매 전략 EA — 120
    4-1. 100% 순수 마틴게일 매매전략 — 120
    4-2. 횡보장 절대수익 마틴게일 매매전략 — 125
    4-3. 추세장 절대수익 마틴게일 매매전략 — 132

5. 청산전략 — 138
    5-1. 핍청산 — 138
    5-2. 금액청산 — 138
    5-3. 조건청산 — 139
    5-4. 부분청산 — 139

6. EA 프로그램 보안설정 — 140
   6-1. 비밀번호 보안설정 — 140
   6-2. 지정된 계좌에서만 구동되도록 보안설정 — 141
   6-3. 기간 보안설정 — 142

CHAPTER 05
모니터링 및 관리

1. Robust한 전략 및 코딩법 — 146
   1-1. 전략 수립/코딩 시 꼭 알아야 할 사항 — 146
   1-2. 백테스트의 신뢰도 향상 — 148

2. 모니터링 사이트 연동 — 152
   2-1. myfxbook.com연동 — 153
   2-2. fxblue.com연동 — 154

3. VPS서버 운영 — 155
   3-1. 해외업체 — 156
   3-2. 국내업체 — 157

4. 무료EA개발 툴 — 158

APPENDIX 함수(Functions) 160

CHAPTER 01

메타트레이더4 플랫폼

1. 메타트레이더4 소개 | 2. EA설치 & 메타에디터 사용법 | 3. 전략시뮬레이션

CHAPTER 01   메타트레이더4 플랫폼

FOREIGN EXCHANGE ALGORITHM LAB

① 메타트레이더4 소개

1-1. 메타쿼츠(MetaQuotes)/메타플랫폼HTS

메타쿼츠는 메타트레이더 플랫폼을 개발한 러시아 회사이며, 2000년 'FX Chart' 라는 온라인 트레이딩 플랫폼 출시부터, 현재의 메타트레이더 플랫폼 시리즈에 이르기까지, 전 세계 외환마진 트레이딩 플랫폼 공급의 90% 이상을 차지하고 있는 회사입니다.

메타트레이더4 플랫폼HTS는 2005년 7월 1일에 처음 출시되었으며, 현재 전 세계 외환마진 선물사들을 통해 제공되는 플랫폼입니다. 메타트레이더4가 시장을 장악할 수 있었던 가장 큰 이유는 MQL4랭귀지를 활용해 사용자가 자신만의 매

매전략을 직접 로직으로 구현하여 전략시뮬레이션 및 자동매매를 가능하게 한 점입니다. 그리고 타 시스템 트레이딩 개발언어의 단순함을 극복하여, 로직 구현의 한계가 없을 정도로 트레이더가 원하는 세부적인 매매전략이 코딩으로 구현 가능합니다.

EA는 Expert Advisor의 줄임말로서, 미리 입력된 로직에 따라 자동으로 매매를 하는 프로그램입니다. EA를 활용한 자동매매뿐만 아니라, 사용자가 원하는 보조지표를 만들어 사용할 수 있으며, 타인이 만든 프로그램을 사용할 수도 있습니다. 또한 MQL4랭귀지는 전산지식이 없는 일반인도 독학할 수 있도록 만들어진 언어이며, 내 입맛에 맞는 나만의 펀드매니져(EA)를 두고 직접 내 계좌를 운용할 수 있는 점이 큰 매력입니다.

2010년 6월, 메타4의 다음 버젼인 메타트레이더5 플랫폼이 시장에 출시되었습니다. 하지만 메타4의 강력한 사용편의성과 두터운 사용자층으로 인해, 아직까지 메타5보다 메타4가 더 많은 사용자를 유지하고 있습니다.

1-2. 메타플랫폼 관련 웹사이트

[해외]

- www.metaquotes.net

메타쿼츠 회사 및 메타플랫폼 소개 홈페이지이며, 홈페이지를 통해 회사소식과, 개발플랫폼정보, 그리고 브로커 신청에 관한 정보를 제공하고 있습니다.

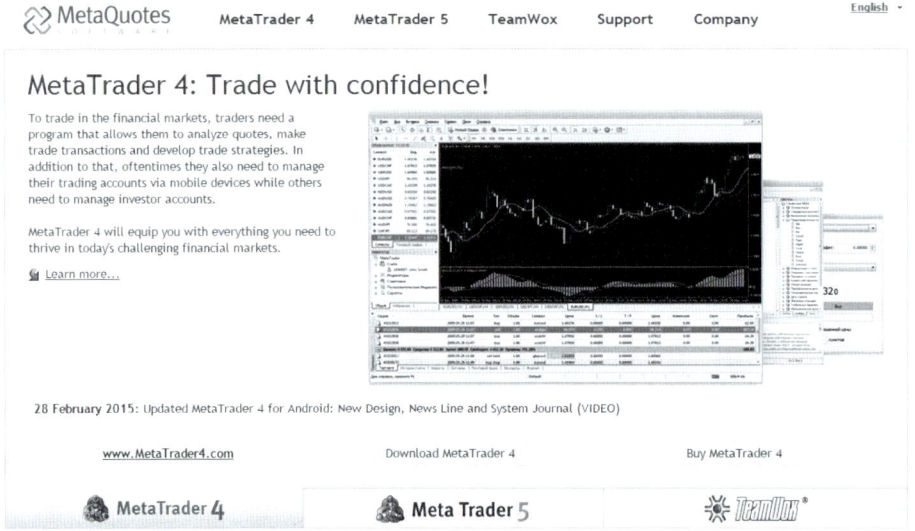

- www.mql4.com

MQL4사용자들이 이용하는 사이트 중에서 가장 규모가 큰 커뮤니티 사이트입니다. MQL4언어 학습을 위한 학습자료를 비롯하여, 개인 블로그, EA사고팔기, 매매시그널제공, 그리고 다양한 EA들을 무료로 공유하며 코딩 소스를 제공하고 있습니다.

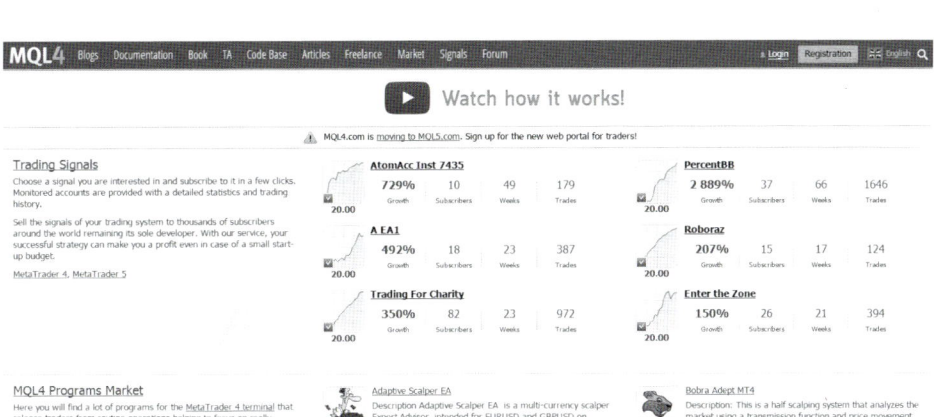

[국내]

• http://cafe.naver.com/mqlsystemtrading

국내 메타4플랫폼을 활용한 알고리즘 시스템 트레이딩 정보 공유 커뮤니티입니다. 매매전략과 코딩법, 그리고 무료 EA공유와 투자상품의 리스크관리에 대한 내용을 무료로 이용할 수 있습니다.

❷ EA설치 & 메타에디터 사용법

2-1. EA개요 및 특장점

EA는 Expert Advisor의 줄임말로서 외환마진시장에서 자동매매를 하는 프로그램을 뜻합니다. MetaQuotes사에서 제공하는 메타트레이더 플랫폼에서 사용 가능하며, 메타트레이더 내부기능인 메타에디터에서 EA개발과 편집이 가능합니다.

사용자의 전략에 따라 자동매매하는 장점 외에도, 다른 사람이 만들어 놓은 EA를 가져와서 사용 및 수정이 가능합니다. 국내외 여러 웹사이트와 포럼에서 무료EA가 공유되고 있으며, 상업용으로 판매하는 EA도 있습니다.

[EA무료공유사이트]
http://codebase.mql4.com
http://cafe.naver.com/mqlsystemtrading

[EA장점]
1. 자신의 전략을 프로그래밍하여 자동으로 매매
2. EA를 과거데이터에 실행하여 매매전략검증(전략시뮬레이션)
3. 모의투자를 통해, 현재와 미래의 EA성적을 한 번 더 검증
4. 전 세계에서 공유되는 무료EA 사용 및 코딩소스학습

2-2. EA설치부터 차트에 적용하기

2-2-1. EA설치방법

EA(인디케이터)는 mq4소스파일과 ex4실행파일 두 가지 종류가 있습니다. 사용하고자 하는 EA를 MT4플랫폼 폴더 내 지정된 저장경로에 따라 저장해야 정상적으로 사용할 수 있습니다.
EA파일 저장경로에 대해 알아보겠습니다.

[EA 저장경로]

메타4플랫폼 상단 '파일' - '데이터 폴더 열기' - 'MQL4' - 'Experts'

[인디케이터 저장경로]

메타4플랫폼 상단 '파일' - '데이터 폴더 열기' - 'MQL4' - 'Indicators'

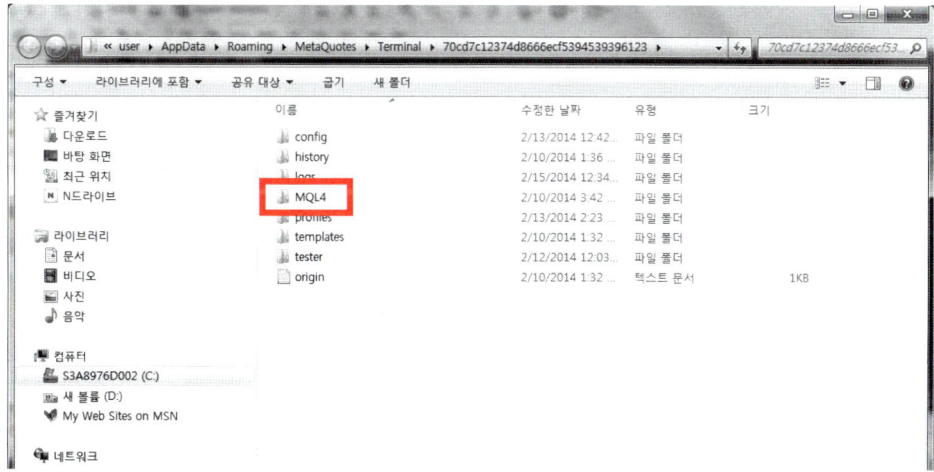

EA파일 저장 후 MT4플랫폼을 재실행하면, 아래 그림과 같이 탐색기에서 프로그램이 들어온 걸 확인할 수 있습니다.

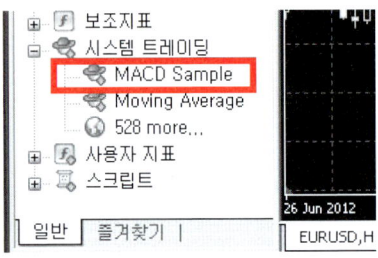

2-2-2. 새 EA작성방법

새로운 EA를 작성하기 위해 파일을 만드는 방법은 두 가지가 있습니다.

a. 메타에디터(MT4플랫폼-'도구'-'MetaQuotes언어편집기' 선택) 내 탐색기에서 마우스 우버튼 클릭하여 '새파일'을 선택합니다.

b. 메타에디터에서 '파일'-'추가'를 클릭하여 아래와 같은 창을 생성합니다.

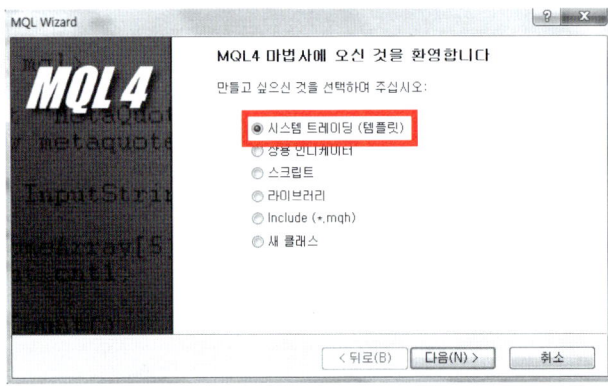

'시스템 트레이딩(템플릿)' 선택하여 EA를 신규 생성할 수 있습니다.

2-2-3. 메타에디터

EA/스크립트/인디케이터는 MQL4를 사용하여 메타에디터에서 코딩하며, MT4 플랫폼에서 F4키를 누르면 다음과 같이 메타에디터가 실행됩니다.

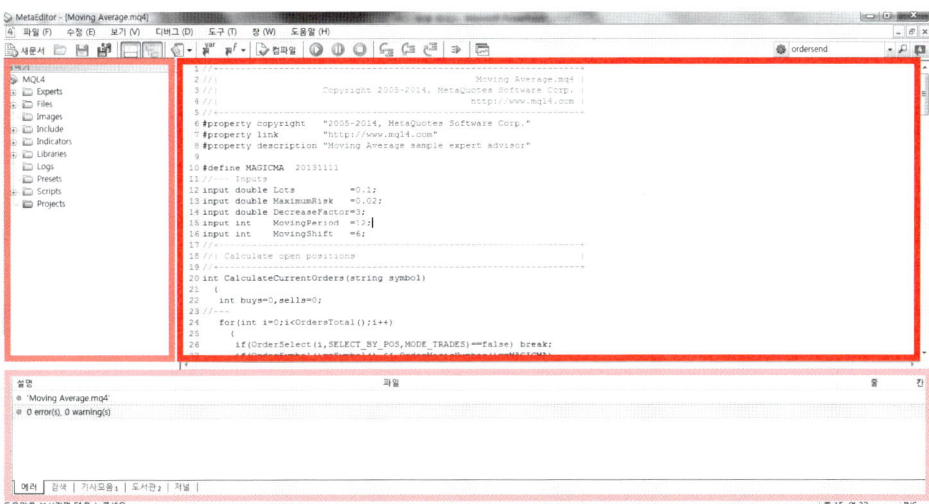

우측상단 부분에서 MQL4를 사용하여 코드를 작성/편집할 수 있습니다.

좌측상단 박스 안 Experts에서는 저장된 EA나 인디케이터를 불러올 수 있으며, 'F1'키를 이용하여 빠르게 함수 및 필요자료를 검색할 수 있습니다.

가장 아래 박스 안에서는 에러/검색/기사모음/도서관/저널 기능을 제공합니다.

EA코딩이 끝나면 도구모음의 'Compile' 버튼을 클릭합니다.

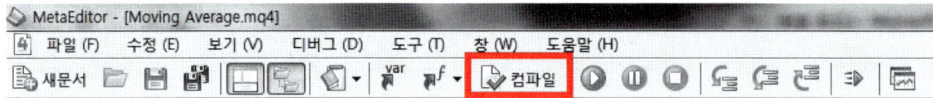

컴파일을 통해, 프로그래밍 언어 문법상의 오류를 발견할 수 있습니다. 단 코더의 로직이 제대로 구현되었는지 확인하기 위해서는 반드시 차트상에서 로직을 테스트해야 합니다.

컴파일 후, 코딩에 오류가 없다면 플랫폼 좌측 하단에 다음과 같이 표시됩니다. 그리고 MT4플랫폼 탐색기 안 '시스템 트레이딩' 폴더 안에 해당 EA가 생성됩니다. 'warning(s)'은 대부분의 경우 무시해도 되지만, 'error(s)'는 반드시 수정해야 합니다.

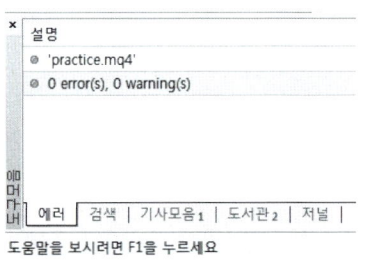

2-2-4. EA를 차트에 적용하기

정상적으로 컴파일이 되면, MT4 플랫폼 탐색기 안 '시스템 트레이딩' 폴더 안에서 다음과 같이 해당 EA를 확인할 수 있습니다. EA는 통화쌍 차트에 적용되어 구동하는 방식을 취하므로, EA가 구동될 통화쌍 차트를 생성 후 EA를 적용해야 합니다.

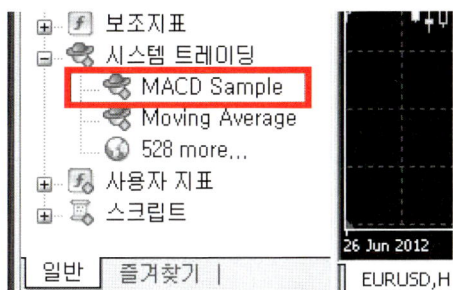

EA를 차트에 적용하기 전에 기본설정을 알아보겠습니다.

MT4 메인메뉴-'도구'-'옵션'-'시스템트레이딩'에서 아래 설정에 체크합니다.

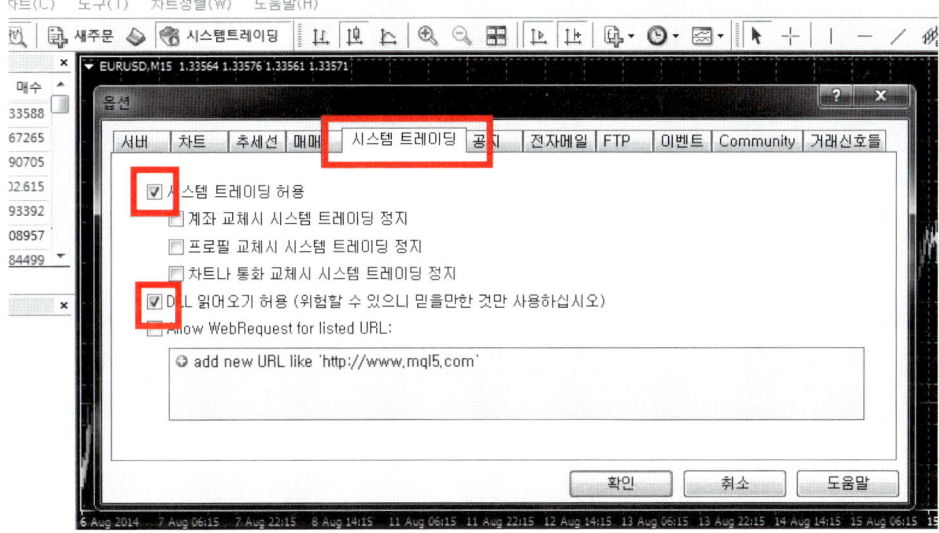

탐색기창의 시스템 트레이딩을 클릭합니다. 샘플로 제공되는 'MACD Sample'에 마우스 오른쪽 버튼을 클릭하여 '차트 첨부'를 클릭합니다.(클릭 앤 드래그 방식으로도 적용 가능합니다.)

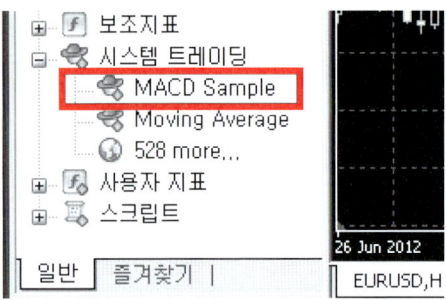

차트 첨부를 클릭하면 다음과 같은 창이 나타나는데, '실거래 가능'이 반드시 체크되어야 합니다.

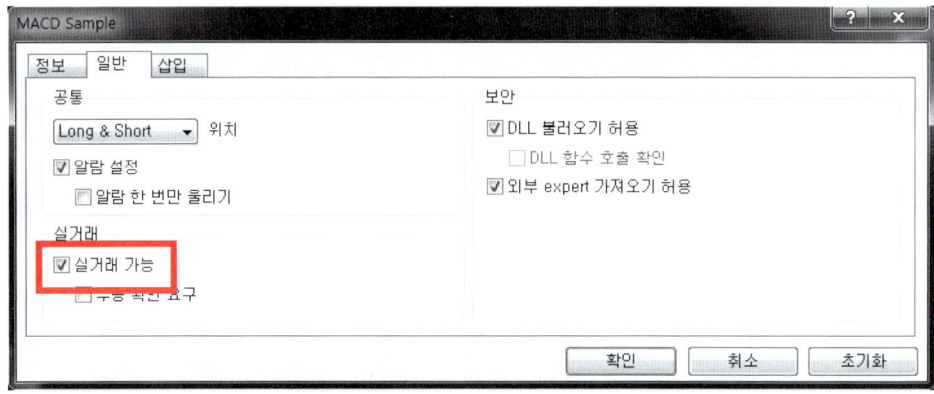

이제 확인을 클릭하면 EA가 차트에 첨부됩니다. 하지만 차트의 우측상단을 보시면 'MACD Sample x'가 표시되며, EA가 활성화되지 않은 설 나타냅니다. 도구모음의 'Expert Advisors' 버튼을 클릭하면 'MACD Sample(웃는 표정)'로 변경되며 EA가 작동합니다.

만약 EA가 찡그린 표정으로 바뀐다면, EA설정 혹은 EA파일에 문제가 있는 것이니 확인이 필요합니다.

EA작동을 중지하려면 도구모음에서 'Expert Advisors' 버튼을 클릭하면 됩니다. EA를 차트에서 삭제하기 위해서는 차트상 마우스 오른쪽 버튼 클릭-시스템트레이딩-지우기 선택하면 EA가 제거됩니다.

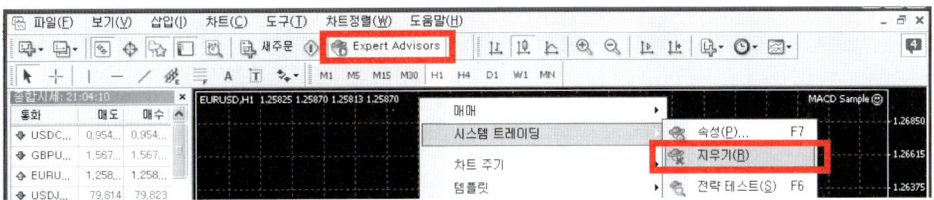

이제부터 EA는 미리 입력된 자신만의 매매로직에 따라 주문과 청산을 반복하며 구동하게 됩니다.

MT4플랫폼에서 EA의 기본 작동원리는 '틱'을 베이스로 하여 EA실행이 이루어집니다. '틱'을 다른 말로 하면, '호가'로 표현될 수 있으며, 통화쌍 차트에 새로운 가격움직임(틱)이 들어올 때 EA의 실행이 연속적으로 일어나게 되는 것입니다.

이런 작동원리로 인해, EA가 정상적으로 구동되기 위해서는 실시간으로 '틱'을 받아야 하며 24시간 컴퓨터가 켜져 있는 상태에서 MT4플랫폼이 활성화되어 있어야 합니다. 데스크탑 PC에서 24시간 구동이 불가한 환경이라면, VPS(가상개인서버)를 임대하여 EA를 구동하는 게 바람직합니다.

2-3. EA개발단계

매매전략 구상부터 실계좌 거래까지 EA로봇 개발 단계에 대해 알아보겠습니다.

1단계. 매매전략 수립

EA개발에 앞서 가장 먼저 해야 하는 일이 '어떤 매매전략으로 상품을 사고팔 것인가?'를 고민하는 것입니다. 이동평균선, RSI, 볼린져밴드, MACD 등과 같은 보조지표를 활용하여 매매로직을 구상하는 방법에서부터 캔들의 패턴을 읽는 방법, 가격 움직임에 기반한 매매전략을 설계하는 방법 등 자신의 상상력에 따라 무수히 많은 매매전략 수립이 가능합니다. 자신만의 매매전략을 만들 수도 있으며 다른 EA들의 전략을 자신에게 맞게 수정하는 방법도 있습니다.

매매전략 수립 시, 해당 금융 상품의 특성에 대한 이해가 선행되야 합니다. 동일한 매매전략이라도 특성이 다른 상품에 적용될 때 전혀 다른 결과와 오류가 발생하기 때문입니다.

아래 예시를 통해, 외환마진상품의 특성과 주식상품의 특성에 대해 알아보겠습니다.

[외환마진상품]
- 24시간 시장
- 매수/매도 양방향 매매
- 레버리지 존재
- 랏사이즈 설정에 따른 매매 물량 결정

- 풍부한 수급
- 기타

[주식상품]
- 거래시간 제한
- 매수만 가능
- 수급의 제한으로 인한 매매물량의 한계
- 상/하한가존재
- 기타

위와 같은 상품 자체의 특성이 매매전략에 반드시 반영되어야 합니다. 이러한 상품 자체의 특성에 대한 이해 없이, 가격 데이터만 분석하여 매매로직을 설계한다면 실제 상품에 적용될 수 없는 무의미한 매매전략이 만들어지게 됩니다.

2단계. 코딩

1단계에서 구상한 매매전략을 로직화하여 EA로 만드는 단계이며 이 책을 통해 배우게 될 부분입니다. MQL4언어코딩은 C언어와 동일한 구조를 가지고 있으며, C언어보다 훨씬 단순한 언어입니다. 그러므로 C언어 경험이 있는 사용자는 보다 쉽게 배울 수 있으며, 전산 경험이 없는 초보자도 어렵지 않게 배울 수 있는 프로그래밍 언어입니다. 국내외 온라인 커뮤니티 웹사이트를 통해서 코딩에 대한 정보교환이 활발하게 이루어지고 있습니다.

3단계. 전략시뮬레이션

MT4플랫폼의 전략테스터기를 통해 자신의 EA가 과거에는 어떤 성과를 냈는지

테스트할 수 있습니다. 외환마진 상품의 경우 MT4플랫폼에서 무료로 통화쌍별 가격데이터를 제공하지만, 타 금융상품을 전략시뮬레이션하기 위해서는 MT4플랫폼 내 '기록실'을 통해 자신이 가지고 있는 가격데이터를 직접 삽입해야 합니다.

4단계. 모의계좌(Demo)테스트

3단계 과거데이터 전략시뮬레이션 테스트를 마친 후, 모의계좌 테스트를 진행합니다. 가상의 돈을 이용하여 실계좌와 동일한 환경에서 테스트하는 단계이며, 짧게는 1~2주, 길게는 3달 이상 테스트를 진행합니다. EA매매전략에 확신이 있다면 무시하고 바로 실계좌로 가기도 합니다.

5단계. 실계좌테스트

최종적으로 Live실계좌에서 real money로 테스트를 진행합니다.

6단계. 실계좌 거래

이제부터 EA를 100% 믿어주는 용기가 필요합니다. UFC에서 자기가 공들여 키운 선수를 링 위로 내보내는 코치의 마음이 이와 똑같다고 봅니다. 실제 싸움은 선수 본인이 하는 것이니 EA를 믿어야 합니다.

이 중에서 가장 중요한 단계를 꼽으라면 1단계인 '매매전략수립'입니다. 코딩을 어려워하는 분들이 많은데, 코딩은 어디까지나 전략을 구현하기 위한 하나의 부수적인 단계에 지나지 않습니다.

❸ 전략시뮬레이션

3-1. 가격데이터 다운로드

전략시뮬레이션에 앞서, 시뮬레이션을 진행할 통화쌍의 가격데이터를 다운로드 합니다. MT4플랫폼 '도구' - '기록실'에서 좌측 통화쌍들 중 하나를 더블 클릭하면 시간봉 데이터가 나타납니다. 다운로드하고자 하는 시간봉을 더블클릭하여 해당 아이콘에 불이 들어오는 걸 확인 후, 하단 메뉴 중 '다운로드'를 클릭합니다.

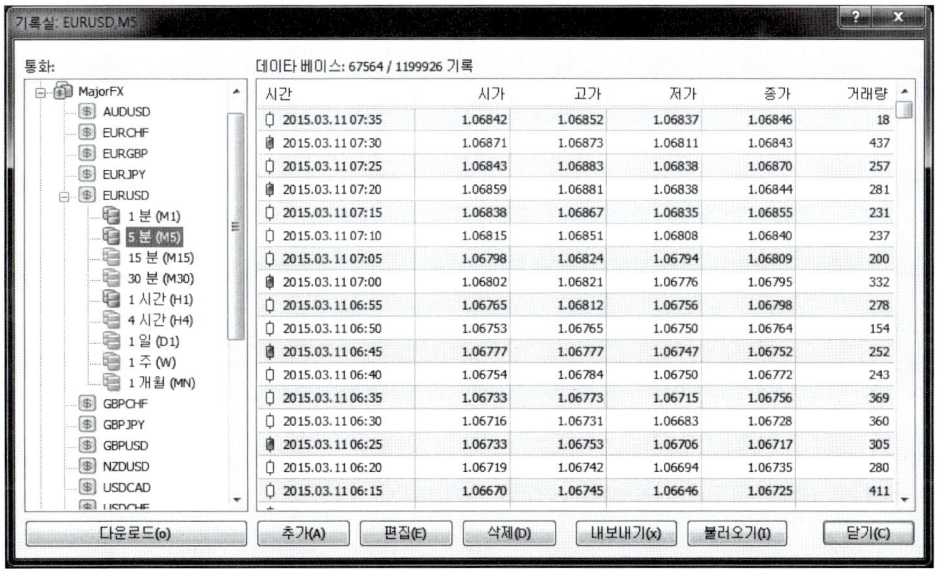

※ 타 금융상품의 전략시뮬레이션을 실행하기 위해서는 해당 금융상품의 가격데이터를 MT4플랫폼의 기록실에 삽입해야 합니다. MT4플랫폼 '도구'-'기록실'-'불러오기'를 통해 가격데이터를 삽입하면 됩니다. 여기서 주의할 점은 시뮬레이션을 실행할 금융상품의 가격단위를 '핍' 단위로 자리 수를 맞추어야 합니다.

3-2. 전략시뮬레이션 실행

MT4플랫폼에서 'Ctrl+R' 키를 누르면 아래와 같이 전략테스터기가 생성됩니다.

- 시스템 트레이딩: 전략시뮬레이션을 실행할 EA 선택
- 통화: 통화쌍 선택
- 적용 데이터: 모든 틱(틱차트를 포함한 움직임에 대한 시뮬레이션)
  컨트롤 포인트(모든 틱이 아닌 12개의 주요 틱에 대한 시뮬레이션)
  시가기준(봉시가 시뮬레이션)
- 날짜 적용: 시뮬레이션 기간을 선택
- 시각화: 차트상에서 매매현황을 실시간으로 보여주는 기능
- 기간: 시간(캔들)봉 선택
- 스프레드: 스프레드 설정
- 시스템 트레이딩 속성: EA의 변수값 설정 등을 위한 속성 설정
- 통화 정보: 통화쌍의 정보 보기
- 차트 열기: 시뮬레이션 완료 후의 진입시점 및 청산시점을 차트로 출력
- 시스템 트레이딩 수정: EA의 수정 등에 필요한 기능
- 시작: 설정완료 후 전략시뮬레이션 실행

3-3. 전략시뮬레이션 결과

시뮬레이션 종료 후 '그래프' 탭에서 수익곡선을 확인합니다. 수익그래프는 Balance기준으로 그려지며 횡축은 거래횟수, 종축은 계좌 Balance 금액을 나타냅니다.

'레포트' 탭에서 매매에 대한 분석보고서를 확인합니다.

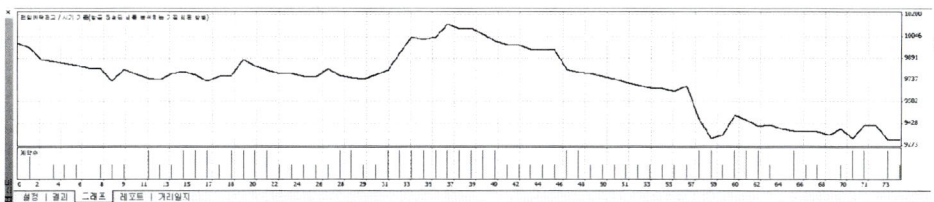

분석보고서를 통해, 수익금/거래횟수/drawdown 등 상세한 성과분석자료를 확인할 수 있습니다. 화면에서 마우스 우버튼 클릭 후 '웹페이지로 저장'을 클릭하여, 상세 리포트를 다운로드 받을 수 있습니다.

3-4. 전략시뮬레이션 결과 리포트 해석

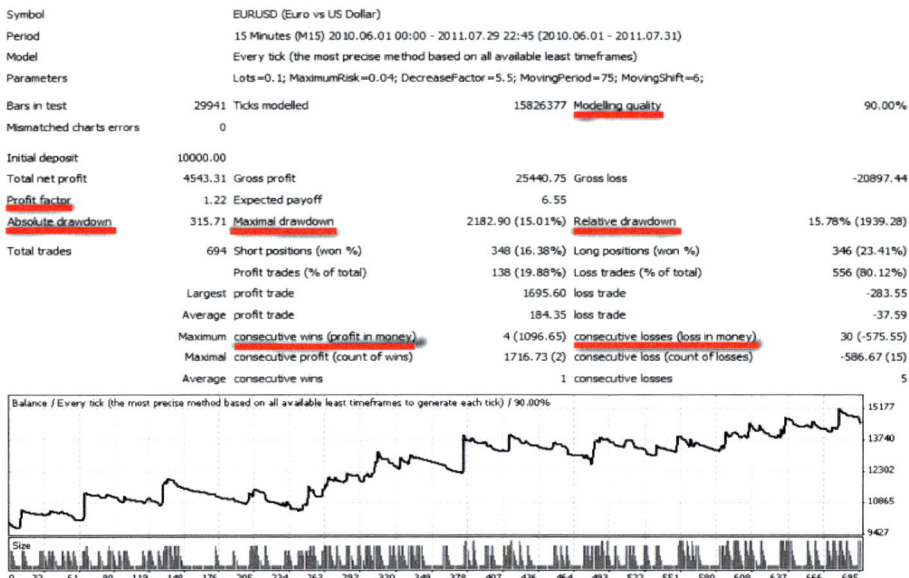

- Modelling Quality(모델링 품질): 테스트 데이터의 신뢰도
- Profit Factor(손익 요인): Gross profit/Gross loss 순이익을 순손실로 나눈 값. 클수록 좋음.
- Absolute drawdown(최대손실한도): 초기입금액을 기준으로 자본금의 최대 손실금액을 나타냄.
- Maximal drawdown(최대인출촌액): 자본금 대비 가장 많은 손실(금액기준)
- Relative drawdown: 자본금 대비 가장 많은 손실(percentage 기준)
- consecutive wins(profit in money) 연속이익(이익금액): 연속이익
- consecutive losses(loss in money) 연속손실(손실금액): 연속손실

EA의 매매 Performance를 평가할 때 반드시 체크해야 할 사항이 있습니다.

- 수익률: 수익률이 얼마였나?
- 위험(Drawdown): 그 수익률을 달성하기 위해 취한 최대 Drawdown이 얼마였나?
- 기간: 얼마나 오랜 기간 동안 운용되었는가?
- 거래횟수: 거래를 몇 번 했나?

위에서 제시한 4가지 요소 중 하나라도 빠져 있다면, 해당 EA의 성과평가가 어렵습니다.

운용기간이 길고, 거래횟수가 많으며, Drawdown이 낮고, 수익률이 높을수록 EA가 상대적으로 우수한 매매전략을 가졌다고 평가할 수 있습니다.

EA코딩이 끝난 후 가장 먼저 할 일이 전략시뮬레이션을 통해 코딩이 제대로 되었는지, 내가 의도한 대로 매매전략이 구현되었는지 확인해야 합니다. 전략시뮬레이션 결과 차트를 통해 진입/청산 시점을 확인할 수 있으며, '결과(거래내역)'를 통해 자세한 진입/청산 정보를 얻을 수 있습니다.

CHAPTER 02

MQL4언어 기본문법

1. EA 기본구조 | 2. 데이터 타입 | 3. 연산자와 표현식 | 4. 반복문 |
5. 함수(Functions) | 6. 변수(Variables)

CHAPTER 02 MQL4언어 기본문법

FOREIGN EXCHANGE ALGORITHM LAB

❶ EA 기본구조

1-1. MQL4 들어가기

영어를 처음 배울 때를 기억하시나요? 알파벳을 익히고, 단어와 문법을 배워서 자신의 의사를 상대방에게 표현합니다. 이와 마찬가지로 MQL4도 MQL4만의 언어규칙에 따라 컴퓨터와 대화하는 법을 배워야 합니다. 다행히도 MQL4는 우리가 배웠던 영어의 문법구조보다 훨씬 단순하며, 지극히 한정된 단어와, 듣기/말하기는 없고 읽기/쓰기만 있습니다. 기본적인 문법구조와 단어 몇 개만 익히면 자신이 원하는 것을 컴퓨터에게 명령할 수 있습니다.

MQL4는 메타트레이더4(MT4)에서만 사용되도록 만들어진 프로그래밍 언어이며, MT4에서 지원하는 기능은 크게 두 가지로 나누어집니다.

- **내장 기능**

  다양한 분석 툴, 주문기능 등 MT4에 이미 내장되어 있는 기능들

- **프로그래밍 기능**

  내장 기능 외에 사용자의 임의대로 만들어 내어 사용하는 기능들로서 아래와 같이 세 가지가 있습니다.

  1. Custom Indicator: 사용자 보조지표
  2. Expert Advisor: EA자동매매
  3. Script: 스크립트

MQL4에는 프로그램코드를 나타내는 세 종류의 파일이 있습니다.

- **mq4**

  EA/스크립트/인디케이터의 소스파일이며, 메타에디터에서 수정이 가능한 파일형식입니다. mq4파일은 컴파일을 통해 ex4파일이 추가로 생성되어야 MT4 클라이언트 터미널에서 작동합니다. 코딩이 끝난 후 compile버튼을 누르면 동일한 파일 이름의 ex4파일이 하나 더 생성됩니다.

- **ex4**

  MT4터미널에서 사용 가능한 실행파일이며, 수정할 수 없습니다.

- mqh

  mqh파일은 include파일입니다. 자주 사용하는 프로그램을 include파일로 만들어 EA/스크립트/인디케이터 작성 시 그 안에 삽입할 수 있습니다.

1-2. 기본뼈대

- Header Part(머리 부분)

  해당 프로그램에 대한 일반적인 정보들을 기록

- Special function init()

  프로그램이 실행되는 순간 한 번만 작동

- Special function start()

  틱(tick)이 발생할 때마다 작동

- Special function deinit()

  프로그램이 종료될 때 한 번만 작동

- User-defined functions

  사용자가 마음대로 만들어 사용할 수 있음.(개수 제한 없음)

스페셜펑션인 start() 안에서 대부분의 코딩이 이루어지고, start()만 있어도 EA는 작동됩니다.

2014년 3월 메타4플랫폼이 600 이상 빌드로 넘어오면서 MQL4는 MQL5의 인터페이스로 변경되었습니다. 그로 인해 init()/start()/deinit()가 OnInit()/OnTick()/OnDeinit()으로 대체되었으나, 호환사용 가능합니다.

❷ 데이터 타입

Data Type은 말 그대로 프로그래밍 안에 쓰인 데이터가 어떤 타입의 데이터인지 구분합니다.

그리고 이러한 데이터들이 저장될 수 있는 장소의 이름들이 variable(변수)입니다.

좀 더 쉽게 풀어 쓰자면, 상자에 데이터들을 담아서, 그 상자에 '변수'라는 이름을 붙여준다고 생각하면 됩니다. 그리고 필요할 때마다 그 상자 이름(변수)을 사용해서 해당 상자 안에 있는 데이터들을 꺼내 볼 수 있습니다.

그리고 이러한 데이터들에는 종류가 있는데, int, double, bool, string 등이 있습니다.

2-1. 정수 integer

1, 2, 7, 100, -200와 같은 숫자들이며 셀 수 있는 +,-숫자들입니다.

예1)

차트에 있는 bar의 수: 350bars

현재 열려 있는 주문의 수: 5개

주문가격과 현재가격의 차이: 20핍

이러한 예들이 int로 정의될 수 있는 숫자들입니다.

예2)

```
int Numbars = 120;
int B_F1 = -48;
int HighValue = 2345;
int LowValue = -2345;
```

2-2. 실수 double

더블 타입의 숫자는, 소수점까지 나타나는 Real Number, 즉 실제 숫자입니다.

예)

```
double Nubbars = 120.245;
double B_F1 = -48.2;
double HighValue = 2345.4;
```

2-3. 참/거짓 bool

true & false 두 가지 값만 가지는 데이터 타입입니다.

숫자로 표현하면 참은 (1), 거짓은(0)이 됩니다.

예)
bool abc = True;
bool def = TRUE;
bool ghi = 1;
bool jkl = False;
bool mno = FALSE;
bool pqr = 0;

2-4. 문자열 string

문자(알파벳)을 나타내고 싶을 때, string을 사용하여 정의해 줍니다. 반드시 " " 를 사용해야 합니다.

예)
string Name = "MT4";
string Text = "MetaTrader4";
string Name_2 = "awesome";

③ 연산자와 표현식

연산과 표현식은 매우 단순하며, 초등학교 시절 배웠던 산수라고 보면 됩니다.

X = (Y * Z) / W
- 변수(variables): X, Y, Z, W
- 연산기호(Operations): =, *, /
- 표현식(Expressions): (Y*Z)/W

다음은 연산기호의 종류에 대해 알아보겠습니다.

3-1. 산술연산자(arithmetical operations)

+ 더하기 A=B+C
- 빼기 A=B-C
* 곱하기 A=B*C
/ 나누기 A=B/C
% 나머지 A=B%C
++ 증가 A++ (A를 1씩 증가)
-- 감소 A-- (A를 1씩 감소)

3-2. 지정/단축연산자(assignment operations)

+= 더하기누적

-= 빼기누적

*= 곱하기누적

/= 나누기누적

y + = x	y = y + x
y -= x	y = y - x
y *= x	y = y * x
y /= x	y = y / x

3-3. 관계연산자(relational operations)

==

A==B   A와B가 같다.

!=

A!=B   A와B는 다르다.

〈

A〈B   A는B보다 작다.

〉

A〉B   A는B보다 크다.

〈=

A<=B   A는B보다 작거나 같다.
>=
A>=B   A는B보다 크거나 같다.

3-4. 논리연산자(boolean/logical operations)

&&   AND   논리연산자(두 조건 모두 True여야 함)
|| OR   논리연산자(둘 중 하나만 True)
!   NOT   논리연산자(부정)

지금까지 배운 상수와 변수, 데이터타입, 연산과 표현식을 사용하여 컴퓨터가 어떻게 계산하는지 예제를 통해 알아보겠습니다.

이번 예제에서는 double에 대해 알아보겠습니다.

〈예제〉
철수는 2개의 연필을 가지고 있다.
민호는 3개의 연필을 가지고 있다.
두 학생이 가지고 있는 연필의 합을 구하라.

〈정답〉
우선, 철수가 가진 연필을 변수 A라고 정하고, 민호가 가진 연필은 변수 B라고 하며, 결과값은 C로 정해줍니다. 연필은 절반도 존재할 수 있기 때문에 데이터 타입은 정수가 아닌 실수(double)로 정해서 소수점까지도 나타나게 합니다.

```
double A = 2.0;
double B = 3.0;
double C = A + B;
```

이번엔 **정수(int)**를 사용하는 경우에 대해 알아보겠습니다.

〈예제〉

연필 던지기 놀이를 하는데,

철수는 2번 던지고, 민호는 3번 던졌다.

두 학생은 연필을 몇 번 던졌나?

〈정답〉

우선, 철수가 던진 연필의 개수는 X, 민호가 던진 연필의 개수는 Y, 그리고 결과 값은 Z라고 합니다. 연필을 던지는 행위는 던졌다/던지지 않았다 두 가지만 있으며, 중간까지만 던졌다는 것은 존재할 수 없습니다. 그러므로 정수인 int를 사용하여 변수 타입을 정해줍니다.

```
int X = 2;
int Y = 3;
int Z = X + Y;
```

이번 예제에서는 **string**에 대해 알아보겠습니다.

⟨예제⟩

한쪽 면에는 "red", 그리고 다른 한 면에는 "apples"이라고 적힌 네모난 상자가 있다. 상자에는 뭐라고 적혀 있나?

⟨정답⟩

string W1 = "red";
string W2 = "apples";
string result = W1 + W2;

결과 값은 red apples입니다. 여기서 주의할 점은 string타입의 변수는 오직 '더하기(+)'연산에만 사용됩니다. W1-W2, W1*W3, W1/W2는 컴퓨터가 인식하지 못합니다.

❹ 반복문

- for구문
- while구문

MQL4는 C언어를 기반으로 한 절차지향적 언어이기 때문에 쓰인 방향대로 위에서 아래로 내려가며 차례차례 명령문이 실행됩니다.

하지만 반복문(Loops)에서는 정해진 순번에 따라 정해진 구문을 수차례 돌게(루핑) 됩니다.

주어진 조건이 맞을 때까지 계속 돌리고, false가 나면 그만 돌리고 해당 구문을 뛰쳐나와서 다음 구문으로 가게 됩니다.

예를 들어,
현재 오픈포지션이 15개가 있다고 가정하겠습니다.
이러한 포지션을 청산하기 위해 15개 각각의 청산식을 따로 넣어 주는 것이 아니라, 반복문을 이용하여 오픈포지션 15개를 검색해서 해당하는 청산식에 부합하는 포지션만 자동으로 청산하게 할 수 있습니다.

MQL4에는 'for'와 'while' 두 가지 반복문이 있습니다.

4-1. for구문

```
int i;      //정수 i를 정의하고
for(i=0 ; i<15 ; i++)    //for(시작값으로 초기화; 조건 ; 증감)
Print(i);    //결과 실행(반복할 내용)
```

for구문을 직역해 보면,
for(이걸로 시작합니다 ; 이 조건이 맞나요? ; 앞에 조건이 맞으면, 하나 더 증가하여 다시 시작)
조건이 맞지 않을 때까지 계속 돕니다.
그리고 이 반복문 아래에 속하는 코딩 Print(i)은 반복문 횟수만큼 실행이 됩니다.
결과 값은 0부터 14까지 15번 실행되면서 Print를 실행합니다.

위의 예에서는 i의 타입을 정의할 때 for구문 외부에서 했는데요. 아래와 같이 for구문 내부에서 정의할 수도 있습니다.

for(int i=0 ; i<15 ; i++)

아래, 플로우 차트를 통해 로직을 한 번 더 살펴보겠습니다.

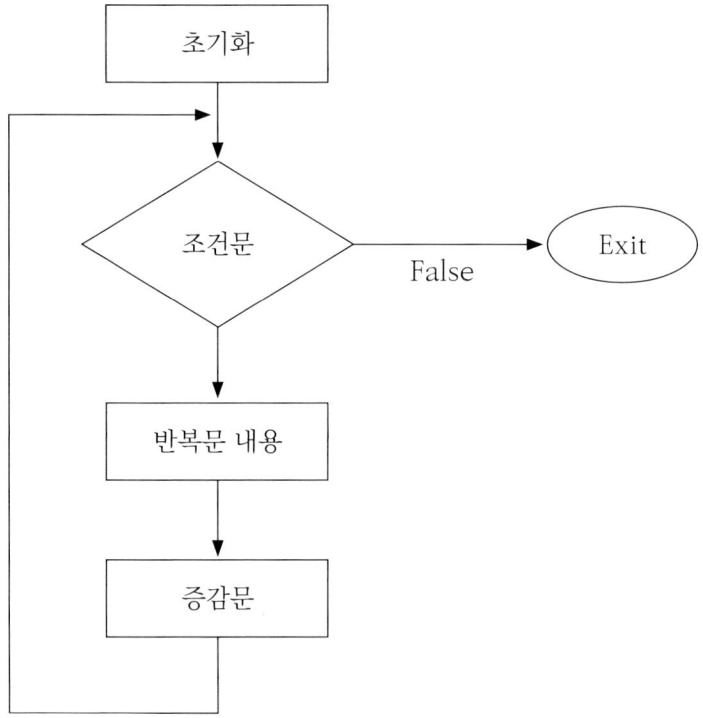

이제 반복문안에 쓰이는 'break'에 대해 알아보겠습니다.

break는 반복문안에서 루핑을 돌다가 해당 조건이 왔을 때, 반복문을 종료시키고 빠져 나오게 합니다.

```
for(int i=0 ; i<15 ; i++)    //i를 0부터 14까지, 15번 돌려보자
{
 if(i==10)    //i가 10이 되면
break;    //루핑 종료
Print(i);    //0~9까지만 Print
}
```

반복문 안의 또 다른 기능인 'continue'에 대해 알아봅시다.

루핑을 돌다가 해당 조건이 왔을 때, 그 조건만 뛰어넘고 계속 실행합니다. 아래 예에서는 루핑이 10에 도달할 때 10은 생략하고 0부터 14까지만 실행합니다.

```
for(int i=0 ; i<15 ; i++)    //i를 0부터 14까지, 15번 돌려보자
{
if(i==10)              //i가 10이 되면
continue;    //해당 조건은 건너뜀
Print(i);    //10은 생략하고 0~14까지만 Print
}
```

예제를 통해 종합복습을 하겠습니다.

```
for(int i=0;i<OrdersTotal();i++)    //모든 오픈주문을 대상으로
    {
    if(OrderSelect(i,SELECT_BY_POS,MODE_TRADES)==false)
    //주문 한 개씩 잡아서 만약 그게 False면
    break;    //브레이크로 반복문을 종료하고 빠져나옵니다.

    if(OrderMagicNumber()!=MAGICMA || OrderSymbol()!=Symbol())
    //오매직넘버와 통화쌍 비교
    continue;    //콘티뉴로 해당 주문은 건너뜁니다.


    //---- check order type
```

```
    if(OrderType()==OP_BUY)    //BUY포지션이면
      {
      if(Open[1]>ma && Close[1]<ma)   //이러한 조건에서
      OrderClose(OrderTicket(),OrderLots(),Bid,3,White);   //청산
      break;   //그리고 브레이크로 종료
      }
    if(OrderType()==OP_SELL)   //SELL포지션이면
      {
      if(Open[1]<ma && Close[1]>ma)   //상동
      OrderClose(OrderTicket(),OrderLots(),Ask,3,White);   //상동
      break;   //상동
      }
  }
```

4-2. while구문

아래는 while반복문의 기본구조입니다.

---

while(조건문)

반복 실행할 내용;

좀 더 자세히 보겠습니다.

```
int i = 0;   //변수 i 정의 및 초기화
while(i<15)   //조건문
{
 Print(i);   //실행문
 i++;   //증감문
}
```

실행 결과로는

i=0
i=1
i=3
.
.
i=14

위와 같이 루핑을 돕니다.

while과 for는 하는 일이 비슷합니다. 몇 가지 차이점과 공통점을 살펴보겠습니다.

- **차이점**

a. for는 변수 초기화가 반복문 안에 있지만 - 예: for(int i=0 ; i<15 ; i++)
  while은 반복문 전에 변수정의와 초기화가 먼저 이뤄져야 합니다.
b. for는 증감문이 반복문 안에 있지만
  while은 증감문을 반복문 밖에 써줍니다.

- **공통점**

a. 하는 일이 같다.
b. 둘 다 break와 continue를 사용할 수 있다.

아래, 플로우차트를 통해 로직을 알아보겠습니다.

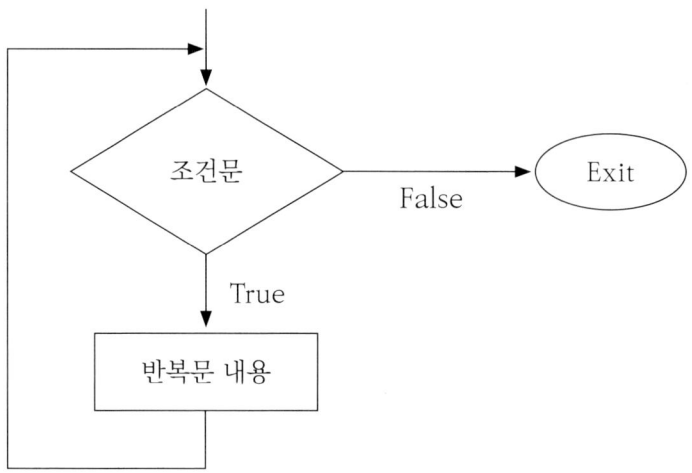

다른 플로우차트로 while의 로직을 한 번 더 알아보겠습니다.

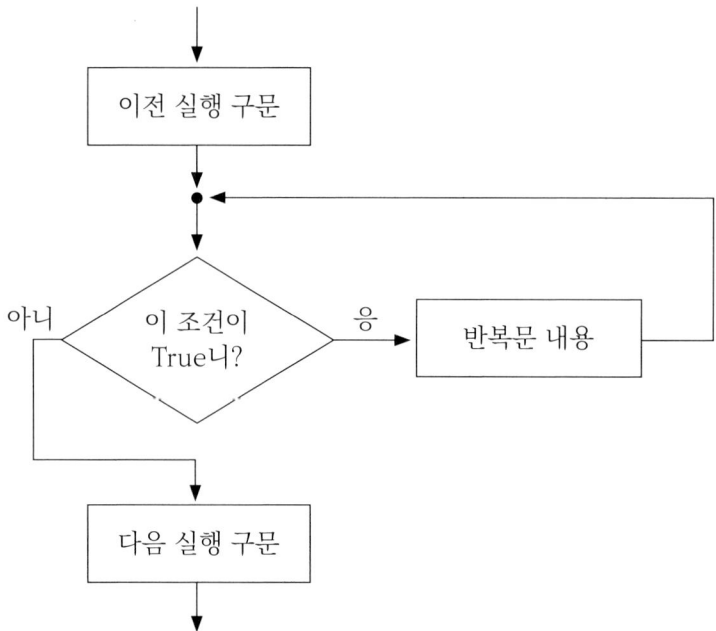

⑤ 함수(Functions)

함수의 종류는 다음과 같이 세 가지로 나뉩니다.

- 스페셜함수
- 스탠다드함수
- 사용자함수

5-1. 스페셜함수

init(), start(), deinit() 세 가지가 있으며, Chapter2의 '1. EA기본구조'를 참고 바랍니다.

5-2. 스탠다드함수

mql에서 이미 만들어 놓은 함수들로서 필요에 따라 가져다 사용합니다. MQL4 에는 수백 개의 스탠다드 함수가 존재합니다. 그들을 모두 외울 필요 없이, 필요에 따라 코더가 원하는 함수를 가져와 사용하면 됩니다. 모든 함수정보는 MQL4공식 포럼 홈페이지에서 확인할 수 있습니다.(http://book.mql4.com/functions/index)

5-3. 사용자함수

프로그래머가 필요에 따라 함수를 직접 만들어 사용할 수 있습니다.

사용자 함수 예)

```
//------------------------------------------
double custom_test(double a, double b, double c)   //custom_test라는 사용자 함수
                                                    를 만들어   double타입의 a,
                                                    b, c를 정해줍니다.
{
 return(a*b+c);   //{}안 구문을 수식에 따라 작동
}
//------------------------------------------
```

위 코딩을 다음과 같이 실제 소스에 적용해 보겠습니다.

실전소스 예문1)

```
//-----------------------------------------------
int start()
{
double a=2;
double b=3;
double c=4;
double result = custom_test(a,b,c);   //custom_test를 아래에서 만든 사용자 함수에서
                                       불러(call)왔습니다. 그리고 그 값을 double 타입
                                       의 result에 담았습니다.
Print(result);
}

double custom_test(double a, double b, double c)
{
```

```
 return(a*b+c);
}
//------------------------------------------------
```

위 소스를 실행하면, journal(거래일지)탭에 해당 수식의 결과값이 프린팅됩니다.

위 예문에 있는 custom_test사용자함수에는 return을 사용하여 그 값을 반환합니다.

하지만 return 대신 void타입을 사용할 수도 있습니다.

실전소스 예문2) - void타입

```
//----------------------------------------
int start()
{
double a=2;
double b=3;
double c=4;
custom_test(a,b,c);
}

void custom_test(double a, double b, double c)   //여기에선 double타입이 아니라
                                                  voidㅌㅏ입입니다.
{
 Print(a*b+c);   //return이 없음.
}
//----------------------------------------
```

실행결과는 예문1과 예문2가 동일합니다.

❻ 변수(Variables)

6-1. 상수와 변수(Constants and Variables)

6-1-1. 상수(Constants)

상수는 변하지 않는 값입니다. 예를 들어, X=5*Y+2 이 식에서 5와 2는 처음부터 정해둔 변하지 않는 값 즉, 상수가 됩니다.

예) 21, true, "Han", 3.14

프로그래머가 수정하지 않는 한, 프로그램 안에 설정된 상수 값은 변하지 않습니다.

6-1-2. 변수(Variables)

변수는 값과 그 값에 대한 이름을 가집니다. 변수의 값은 프로그램 안의 메모리셀에 저장되어 있다가 필요할 때마다 변수의 이름으로 호출되어 사용됩니다. 변수의 이름은 반드시 알파벳으로 시작해야 하며, 대/소문자를 구분합니다. 즉, a_22와 A_22는 같지 않습니다.

예) Alpha, alFa, beta, NuMbEr, Num, A_37, A37, queen_123

프로그램이 실행되는 동안, 변수의 이름은 바뀌지 않으나, 조건/계산식들에 의해서 변수의 값이 바뀔 수 있습니다.

상수와 변수에 대해 좀 더 자세히 알아보겠습니다.

A = 10;
B = A + 5;

A와 B는 변수이며(값이 변함), 10과 5는 상수(값이 정해져 있음)입니다. 아래에서 컴퓨터가 이 식을 어떻게 인식하는지 알아보겠습니다.

예1)
- 우선, 상수값 10을 인식합니다.
- 그리고 변수 A가 10의 값을 가집니다.

예2)
- 상수값 5를 인식합니다.
- 계산식 안의 변수A를 보고, example 1에서 변수A에 정한 값 10을 가져옵니다.
- 10 + 5 계산을 합니다.
- 변수B는 15값을 가집니다.

만약 다음 줄에 B = 50; 이라는 식이 추가된다면, 변수B는 이름은 그대로지만 그 값이 50으로 바뀌게 됩니다.

6-2. 변수의 활용

변수들이 프로그램 안에서 어떻게 사용되는지 알아보겠습니다.

프로그램의 시작 부분에 변수 타입을 선언해 주는 작업을 합니다. 그리고 이렇게 선언된 변수들을 프로그램 중간중간에 변수 이름을 적어줌으로써 해당 데이터를 사용할 수 있습니다. 변수 타입(int, double, string, etc.)은 처음 한 번만 선언되고, 이후 사용되는 변수에서는 변수 타입 없이 변수 이름만으로 사용합니다.(앞서 설명했듯이 변수는 데이터를 담는 상자로 이해하면 됩니다.)

동일한 데이터 타입의 변수라면 콤마를 사용하여 한 줄에 작성할 수 있습니다.
```
int a;
int b;
int c;
int a, b, c;
```

변수의 타입은 처음 한 번만 정의되고 이후에는 타입 없이 이름만 사용합니다.
```
int HighLow;
double Price_Value;
HighLow = 34;
Price_Value = 1.32456;
```

연산식 안에서도 변수 타입이 선언될 수 있습니다.
```
for(int i=1; i>=10; i++)
{
  double test = 12;
if(Mas[i]>test)Mas[i] = test;
}
```

6-3. 지역/광역/외부 변수

변수에는 Local/Global/Extern 세 가지 종류가 있습니다.

6-3-1. Local Variables(지역변수)

Local변수는 자기 local area에서만 영향력을 가진 변수입니다.
예를 들어,

```
double Sample_Function(double a, double b, double c)   //로컬변수 a,b,c
{
 int d;
 return(a*b+c);
}
```

위 예문에서 쓰인 변수는 해당 구문 안에서만 유효하게 됩니다.

6-3-2. Global Variables(광역변수)

광역변수는 이름 그대로, 여러 구문에서 똑같이 사용될 수 있는 변수입니다.
예를 들어,

int Global_Variable;   //광역변수 Global_Variable

double Sample_Function(double a, double b, double c)
{
 return(a*b+Global_Variable);
}

구문 밖에 있지만, 프로그램 안에서 동일하게 사용됩니다.

6-3-3. Extern Variables(외부변수)

MT4속성창에서 수정할 수 있도록 외부로 빼낸 변수이며, 전체 프로그램에서 사용됩니다.

```
//+------------------------------------------------------------+
//|                                          MACD Sample.mq4 |
//|                   Copyright ?2005, MetaQuotes Software Corp. |
//|                              http://www.metaquotes.net/ |
//+------------------------------------------------------------+
extern double TakeProfit = 50;
extern double Lots = 0.1;
extern double TrailingStop = 30;
extern double MACDOpenLevel=3;
```

```
extern double MACDCloseLevel=2;
extern double MATrendPeriod=26;
//+------------------------------------------------------------------+
```

CHAPTER 03

MQL4 실전코딩

1. 진입조건설정 | 2. 주문하기 | 3. 청산하기

CHAPTER 03   MQL4 실전코딩

FOREIGN EXCHANGE ALGORITHM LAB

Chapter3에서는 지금까지 배운 MQL4를 활용하여, 실전에서 사용되는 소스코딩에 대해 배우겠습니다.

EA코딩을 세 문장으로 요약하면 아래와 같습니다.

- if조건문으로 진입조건을 만들고,
- OrderSend()함수로 포지션을 오픈한 후,
- OrderClose() or OrderModify()함수로 포지션을 청산한다.

위 세 가지를 기본바탕으로 하여 덧살을 입혀 나가면 하나의 EA프로그램이 탄생하게 됩니다.

❶ 진입조건설정

1-1. if조건문

if조건문의 기본 구조는 아래와 같습니다.

```
if(조건문)
{
조건문이 true일때 실행할 내용;
}
```

```
if(x < 100)    //if 괄호 안에 조건문이 들어갑니다. x가 100보다 작으면
{
Print("Hi");   //위 조건이 true면, Print("Hi")를 실행. false면 그냥 무시하고 다음 구문으로 넘어감.
}
```

플로우차트로 로직을 한 번 더 살펴보겠습니다.

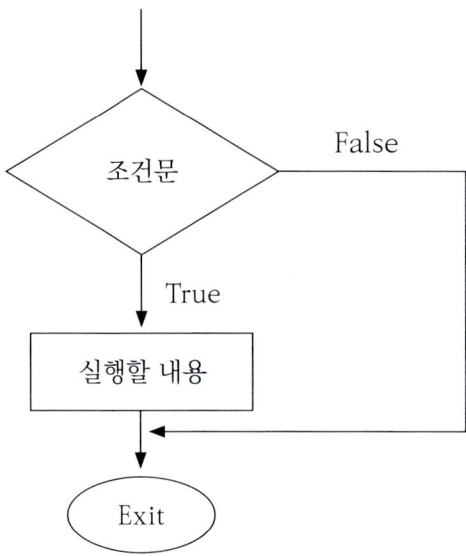

[if 조건문 특징]

1. 하나의 if조건문에 여러 개의 실행문 입력이 가능합니다.

if(x == y)   //조건문
{
   Print("You have to close the order");   //실행할 내용 여러 구문을 추가 가능
   PlaySound("warning.wav");   //실행할 내용 여러 구문을 추가 가능
}

2. &&와 ||를 사용하여 if조건문 안에 여러 조건을 설정 가능

if(x == y && z<100)   //x가 y와 같고, z가 100보다 작다면(AND)
{
 Print("You have to close the order");
 PlaySound("warning.wav");
}

if(x == y || z<100)   //x가 y와 같거나, z가 100보다 작다면 (OR)
{
 Print("You have to close the order");
 PlaySound("warning.wav");
}

3. 반복문(for, while) 안에 if조건문 사용가능

```
for (int i=2 ; i<10 ; i++)
 if(i%2==0)
  {
   Print("It's not a prime number");
   PlaySound("warning.wav");
  }
```

여기에서는 if조건문이 false가 되는 경우, 즉 조건문에 해당하지 않는 경우에 대해 보겠습니다.

[IF~ELSE~]

if(x == y)   //x가 y와 같다면(조건문)
  Print("You have to close the order");   //Print실행~(실행문)
else   //x가 y와 같지 않다면. 즉, x가 y보다 크거나 작다면
  Print("keep going!");   //Print실행~(실행문)

플로우 차트로 로직을 보겠습니다.

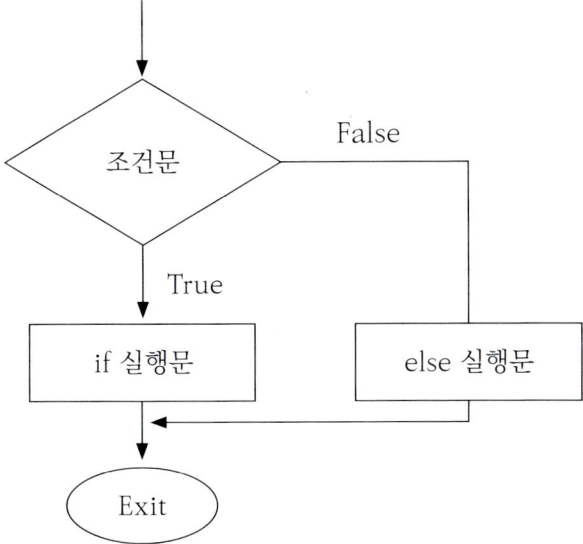

1-2. switch조건문

이번엔 switch~case문에 대해 알아보겠습니다. 앞에서 배운 if문과 기능적인 면에서 같은 역할을 합니다.

if는 범위를 정해 주는 조건과 같이 세밀한 조건식을 만드는 데 보다 유용하며, switch는 상수로 떨어지는 값을 사용하여 조건문이 만들어집니다.

```
switch(x)
{
 Case'A'
   Print("CASE A")
   break;
 case'B';
 case'C';
   Print("CASE B or C");
   break;
 default;
   Print("NOT A,B or C");
   break;
}
```

Switch'x'의 값이 case 'A', 'B', 'C'에 맞는지 보고, 맞다면 해당 case의 내용을 실행시킵니다.

그리고 A, B, C와 맞는 것이 없다면, default를 실행합니다.

```
switch(x)
{
 case'A' :   //x의 값이 A라면
   Print("CASE A");   //"CASE A"를 프린트하고~
   break;   //종료
```

        case'B' :   //x의 값이 B라면 (B 다음엔 break가 없죠? 그래서 그 다음 조건과 함께 읽습니다.)
        case'C' :   //x의 값이 C라면
           Print("CASE B or C");   //"CASE B or C"를 프린트하고~
           break;   //종료

        default :   //x의 값이 위에서 나열한 A, B, C 중 맞는 게 없다면
           Print("NOT A,B or C");   //"NOT A,B or C"를 프린트하고~
           break;   //종료
     }

이번엔 예문과 함께 보겠습니다.

//---
int start()
{
 int n = 3;   //값을 지정해 주고
 Alert("Bar numbers starting from", n,":");

 switch (n)   //↑ 위에서 지정한 값 'n'
 {
  case 1 : Alert("Bar 1");
  case 2 : Alert("Bar 2");
  case 3 : Alert("Bar 3");   //case3조건과 그 다음case들 모두 실행
  case 4 : Alert("Bar 4");
  case 5 : Alert("Bar 5");
  case 6 : Alert("Bar 6");
  case 7 : Alert("Bar 7");
  case 8 : Alert("Bar 8");
  case 9 : Alert("Bar 9");
  case 10: Alert("Bar 10");break;
  default: Alert("Wrong number entered");
 }
return;
}
//---

if와 switch 중 어떤 걸 사용하느냐는 코더의 개인 선호에 달린 사항이므로 본인의 코딩스타일에 맞는 조건문을 활용하면 됩니다.(이 책의 실전 예문들은 if조건문 위주로 쓰여 있습니다.)

❷ 주문하기(포지션 오픈하기)

2-1. OrderSend() 활용

OrderSend()는 매수/매도/예약 주문을 내기 위해서 꼭 필요한 함수입니다. 주문(포지션)이 성공적으로 나가게 되면, 각 오더에 대한 티켓넘버를 반환하며, 주문 실패 시에는 '-1'값을 반환합니다.

2-2. OrderSend() 속성에 대한 설명

OrderSend()함수를 구성하고 있는 속성들에 대해 알아보겠습니다. 포지션을 오픈할 때, 아래에 나열된 속성값을 활용하여 오더(포지션)의 특성을 설정합니다.

2-2-1. OrderSend()함수 구조

```
int   OrderSend(
  string    symbol,    //통화쌍
  int       cmd,       //오더의 종류
  double    volume,    //랏사이즈
  double    price,     //주문가격
  int       slippage,  //슬리피지
  double    stoploss,  //손절매 설정(손절)
  double    takeprofit, //이익실현 설정(익절)
  string    comment=NULL,  //코멘트
  int       magic=0,   //매직넘버
  datetime  expiration=0,  //지정가주문유효기간
  color     arrow_color=clrNONE  //포지션 색상
  );
```

2-2-2. OrderSend()함수 작성법

[표기]

OrderSend(symbol,cmd,volume,price,slippage,stoploss,takeprofit,comment,magic,expiration,color)

[해석]

OrderSend(통화쌍,오더의종류,랏사이즈,체결가격,슬리피지,손절매,이익실현가, 코멘트,매직넘버,지정가주문유효기간,오더색상)

2-2-3. OrderSend()함수 속성 상세설명

a. 통화쌍(symbol)
오더의 통화쌍을 지정합니다.
- "EURUSD":EURUSD통화쌍의 오더를 오픈합니다.
- Symbol(): EA가 적용된 차트 통화쌍의 오더를 오픈합니다.
- NULL: EA가 적용된 차트 통화쌍의 오더를 오픈합니다.

b. 오더의 종류(cmd)
- OP_BUY: 매수
- OP_SELL: 매도
- OP_BUYLIMIT: BUYLIMIT지정가주문
- OP_SELLLIMIT: SELLLIMIT지정가주문
- OP_BUYSTOP: BUYSTOP지정가주문
- OP_SELLSTOP: SELLSTOP지정가주문
- Buy Limit: 가격이 내려와 지정가격에 닿으면 주문을 실행하며, 현재의 하락추세가 상승 전환할 것을 기대하여 현재가보다 낮은 가격에 매수 지정가 주문을 합니다.
- Sell Limit: 가격이 올라와 지정가격에 닿으면 주문을 실행하며, 현재의 상승추세가 하락 전환할 것을 기대하여 현재가보다 높은 가격에 매도 지정가 주문을 합니다.
- Buy Stop: 가격이 지정한 가격을 상향 돌파하면 주문을 실행하며, 현재의 상승추세가 지속될 것을 기대하여 현재가보다 높은 가격에 매수 지정가 주문을 합니다.

- Sell Stop: 가격이 지정한 가격을 하향 돌파하면 주문을 실행하며, 현재의 하락 추세가 지속될 것을 기대하여 현재가보다 낮은 가격에 매도 지정가 주문을 합니다.

c. 랏사이즈(volume)

오더의 랏사이즈를 설정합니다.

d. 체결가격(price)

오더 오픈가격을 설정합니다. 매수 오더 주문의 경우 'Ask'를 사용하며, 매도 주문의 경우 'Bid'를 사용합니다.

e. 슬리피지(slippage)

포인트 단위로 기표되며, 오더 오픈 시 주문체결 슬리피지 범위를 정하는 역할을 합니다. 서버와 플랫폼 빌드에 따라 해당기능이 작동되지 않는 경우들이 많으며, 일반적으로 '3~10'으로 설정합니다.

f. 손절매(stoploss)

손절매 지점을 핍으로 설정합니다.

g. 이익실현(takeprofit)

이익실현 지점을 핍으로 설정합니다.

h. 코멘트(comment)

"comment"와 같이 " "를 사용해야 하며, 각 오더에 대해 메모를 남깁니다.

i. 매직넘버(magic)

오더 고유의 넘버를 부여해 주는 역할을 합니다. 하나의 플랫폼에 여러 개의 오더 및 EA들이 동시 존재할 때, 어떤 EA로부터 오픈 된 오더인지 구분하기 위해 매직넘버를 설정합니다.

j. 지정가주문유효기간(expiration)

오픈된 지정가주문(pending order)을 취소할 때 사용합니다. 현재 대부분의 trade server에서 받아들이지 않는 기능이므로, '0'으로 두고 사용하면 됩니다.

k. 오더색상(color)

해당 오더가 오픈된 시점을 차트상에서 색깔로 표시합니다.

❸ 청산하기

3-1. OrderClose() 활용

OrderClose()는 오더를 청산할 때 사용하는 함수이며, 정상작동 시 'true'값을 반환하며, 에러발생 시에는 'false'값을 반환합니다. 아래에는 OrderClose()함수를 구성하는 속성에 대한 설명입니다.

3-1-1. OrderClose()함수 구조

```
bool  OrderClose(
   int       ticket,     //오더티켓번호
   double    lots,       //랏사이즈
   double    price,      //청산가격
   int       slippage,   //슬리피지
   color     arrow_color //색상
   );
```

3-1-2. OrderClose()함수 작성법

[표기]

OrderClose(ticket,lots,price,slippage,color)

[해석]

OrderClose(오더티켓번호,랏사이즈,청산가격,슬리피지,오더색상)

3-1-3. OrderClose()함수 속성 상세설명

a. 오더티켓번호(ticket)

청산할 오더의 티켓번호를 넣습니다. 특정 오더를 지정하는 경우가 아니라면 OrderTicket()함수를 사용합니다.

b. 랏사이즈(lots)

청산할 랏사이즈를 설정합니다.

c. 청산가격(price)

매수주문의 경우 'Bid'에 청산하며, 매도주문의 경우 'Ask'에 청산합니다.

d. 슬리피지(slippage)

포인트 단위로 기표되며, 오더 청산 시 체결 슬리피지 범위를 정하는 역할을 합니다. 서버와 플랫폼 빌드에 따라 해당기능이 작동되지 않는 경우들이 많으며, 일반적으로 '3~10'으로 설정합니다.

e. 오더색상(color)

해당 오더가 청산된 시점을 차트상에서 색깔로 표시합니다.

3-2. OrderModify() 활용

OrderModify()함수는 오픈되어 있는 오더의 속성을 변경하는 역할을 합니다. 일부 선물사의 경우, OrderSend()함수의 '손절매'와 '이익실현' 설정기능을 제한하고 있습니다. 그렇기 때문에 OrderSend()함수로 오더 오픈 시 '손절매'와 '이익실현'은 '0'으로 두고, OrderModify()함수를 사용하여 '손절매'와 '이익실현' 값을 넣어주게 됩니다. 아래에는 OrderModify()함수를 구성하는 속성에 대한 설명입니다.

3-2-1. OrderModify()함수 구조

```
bool  OrderModify(
  int       ticket,      //오더티켓번호
  double    price,       //가격
  double    stoploss,    //손절매
  double    takeprofit,  //이익실현
  datetime  expiration,  //지정가주문유효기간
  color     arrow_color  //색상
  );
```

3-2-2. OrderModify()함수 작성법

[표기]

OrderModify(ticket,price,stoploss,takeprofit,expiration,arrow_color)

[해석]

OrderModify(오더티켓번호,가격,손절매,이익실현,지정가주문유효기간,오더색상)

3-2-3. OrderModify()함수 속성 상세설명

a. 오더티켓번호(ticket)

변경할 오더의 티켓번호를 넣습니다. 특정 오더를 지정하는 경우가 아니라면 OrderTicket()함수를 사용합니다.

b. 가격(price)

지정가오더만 사용되며, 일반시장가 오더는 OrderOpenPrice()가 사용됩니다.

c. 손절매(stopprofit)

손절매 지점을 핍으로 설정합니다.

d. 이익실현(takeprofit)

이익실현 지점을 핍으로 설정합니다.

e. 지정가주문유효기간(expiration)

오픈된 지정가주문(pending order)을 취소할 때 사용합니다. 현재 대부분의 trade server에서 받아들이지 않는 기능이므로, '0'으로 두고 사용하면 됩니다.

f. 색상(color)

해당 오더를 차트상에서 색깔로 표시합니다.

CHAPTER 04

실전매매전략과 코딩

1. 보조지표(Indicators)를 활용한 EA | 2. 캔들(시간봉)매매전략 EA |
3. 분할매매 전략 EA | 4. 마틴게일매매 전략 EA | 5. 청산전략 |
6. EA 프로그램 보안설정

CHAPTER 04　실전매매전략과 코딩

FOREIGN EXCHANGE ALGORITHM LAB

❶ 보조지표(Indicators)를 활용한 EA

메타4플랫폼에서는 기술적 분석 보조지표(Technical Indicators)에 대한 코딩과 활용을 지원합니다. 타 프로그래밍 언어를 사용하여 보조지표를 구현한다면, 방대한 작업량과 구현 난이도 때문에 프로그래밍에 대한 사전지식이 없는 독자에게는 불가능한 과제가 될 것입니다. 하지만 MQL4에서는 단어 몇 가지가 조합된 한 줄의 코딩으로 하나의 완전한 보조지표를 구현해 냅니다. 이와 같이 MQL4언어는 강력한 보조지표 함수기능을 제공합니다.

MA(이동평균선), RSI등과 같이 우리에게 친숙한 보조지표를 비롯해서, 아래와 같이 다양한 보조지표를 함수를 통해 제공합니다.

- AC - Bill Williams' Accelerator/Decelerator oscillator
- AD - Accumulation/Distribution indicator
- ADX - Average Directional Movement Index indicator
- Alligator - Alligator indicator
- AO - Awesome oscillator
- ATR - Average True Range indicator
- BearsPower - Bears Power indicator
- Bands - Bollinger Bands® indicator
- BandsOnArray - Bollinger Bands® indicator
- BullsPower - Bulls Power indicator
- CCI - Commodity Channel Index indicator
- CCIOnArray - Commodity Channel Index indicator
- Custom - custom indicator
- DeMarker - DeMarker indicator
- Envelopes - Envelopes indicator
- EnvelopesOnArray - Envelopes indicator on data, stored in array
- Force - Force Index indicator
- Fractals - Fractals indicator
- Gator - Gator oscillator
- Ichimoku - Ichimoku Kinko Hyo indicator
- BWMFI - Market Facilitation Index indicator

- Momentum - Momentum indicator
- MomentumOnArray - Momentum indicator on data, stored in array
- MFI - Money Flow Index indicator
- MA - Moving Average indicator
- MAOnArray - Moving Average indicator on data, stored in array
- OsMA - Moving Average of Oscillator indicator
- MACD - Moving Averages Convergence/Divergence indicator
- OBV - On Balance Volume indicator
- SAR - Parabolic Stop and Reverse system indicator
- RSI - Relative Strength Index indicator
- RSIOnArray - Relative Strength Index indicator on data, stored in array
- RVI - Relative Vigor Index indicator
- StdDev - Standard Deviation indicator
- StdDevOnArray - Standard Deviation indicator on data, stored in array
- Stochastic - Stochastic Oscillator
- WPR - Larry Williams' Percent Range

이 보조지표를 다 외울 필요는 없으며, 본인의 매매성향에 맞는 보조지표를 사용하면 됩니다. 아래에서는 일반적으로 많이 알려진 보조지표인 이동평균선/볼린져밴드/RSI상대강도지수 보조지표에 대한 코딩법과 활용에 대해 알아보겠습니다.

1-1. 이동평균선

1-1-1. 이동평균선 설명

이동평균선은 일정기간 동안의 가격을 산술 평균한 값을 차례로 연결해 만든 선이며, 이러한 선의 일정한 방향성을 활용하여 향후 가격추이를 예측하는 데 사용되는 가장 대표적인 기술적 보조지표입니다. 단기/중기/장기 이동평균선으로 구분되며, 평균선들이 만나는 지점을 크로스로 구분하여 가격방향성을 예측합니다.

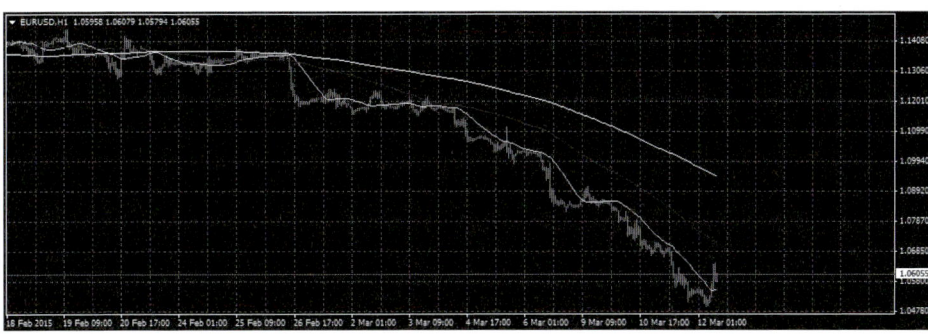

1-1-2. 이동평균선을 활용한 매매전략

[진입]
단기이동평균선이 장기이동평균선을 상향돌파(골드크로스) 할 때 매수진입
단기이동평균선이 장기이동평균선을 하향돌파(데드크로스) 할 때 매도진입

[청산]
진입과 동시에 이익실현 핍과 손절매 핍 설정

1-1-3. iMA()이동평균선 함수 구조

```
double  iMA(
    string      symbol,        //통화쌍
    int         timeframe,     //시간봉
    int         ma_period,     //이동평균선 기간
    int         ma_shift,      //이동평균선 쉬프트
    int         ma_method,     //MA방법
    int         applied_price, //기준가격
    int         shift          //캔들순서(현재봉일 경우 0, 전봉은 1, 전전봉은 2..)
);
```

1-1-4. iMA()이동평균선 함수 작성법

[표기]

iMA(symbol,timeframe,ma_period,ma_shift,ma_method,applied_price,shift)

[해석]

iMA(통화쌍,시간봉,이동평균기간,이평선 쉬프트,MA방법,기준가격,캔들순서)

1-1-5. iMA()이동평균선 함수 속성 상세설명

a. 통화쌍(symbol)

오더의 통화쌍을 지정합니다.

"EURUSD":EURUSD통화쌍의 오더를 오픈하도록 합니다.

Symbol(): EA가 적용된 차트 통화쌍의 오더를 오픈합니다.

NULL: EA가 적용된 차트 통화쌍의 오더를 오픈합니다.

b. 시간봉(timeframe)
데이터를 불러올 시간봉. '0'은 현재차트의 값 사용

c. 이동평균선기간(ma_period)
이동평균선 값을 산출할 기간(캔들개수)

d. 이동평균선 쉬프트(ma_shift)
이동평균선 차트이동설정

e. MA방법(ma_method)
Simple/Exponential/smoothed/linear Weighted 중 선택

f. 기준가격(applied_price)
이동평균선을 만들 캔들데이터 선택

g. 캔들순서(shift)
'0'은 현재캔들, '1'은 직전캔들, '2'는 전전캔들…

1-1-6. 이동평균선 MQL4소스코딩(1-1-2. 이동평균선을 활용한 매매전략)

검정색: 소스코딩
붉은색: 해설
//--

```
extern int MagicNo = 1234;      //외부변수 값 설정
extern double Lots = 1.0;       //랏사이즈 설정
extern int ShortMA = 30;        //단기이동평균선 기간
extern int LongMA = 120;        //장기이동평균선 기간
extern double TakeProfit = 50;  //이익실현 핍
extern double StopLoss = 50;    //손절매 핍

int start()
  {
   double SMACur,SMAPre,LMACur,LMAPre;   //double 타입의 변수 설정
   int i, ticket, total;    //int 타입의 변수 설정
   bool ticketM;    //bool 타입의 변수 설정

   SMACur=iMA(NULL,0,ShortMA,0,MODE_SMA,PRICE_OPEN,0);
```
//현재봉의 단기이동평균선 값
```
   SMAPre=iMA(NULL,0,ShortMA,0,MODE_SMA,PRICE_OPEN,1);
```
//직전봉의 단기이동평균선 값
```
   LMACur=iMA(NULL,0,LongMA,0,MODE_SMA,PRICE_OPEN,0);
```
//현재봉의 장기이동평균선 값
```
   LMAPre=iMA(NULL,0,LongMA,0,MODE_SMA,PRICE_OPEN,1);
```
//직전봉의 장기이동평균선 값

//SMACur,SMAPre,LMACur,LMAPre 변수 안에 이동평균선 보조지표 값을 넣어 줌.
//iMA(통화쌍,시간봉,이동평균기간,이평선 쉬프트,이평선 종류,사용할 캔들가격,봉순서-현재봉일 경우0)

//--
```
   total=OrdersTotal();    //변수 total에 현재 오픈포지션의 개수를 입력
   if(total<1)    //현재 오픈포지션의 개수가 1보다 작다면, 즉 현재 오픈포지션이 없다면
```

```
        {
           if(SMACur > LMACur && SMAPre < LMAPre)
           //현재봉의 단기이평선이 현재봉의 장기이평선보다 위에 있고, 직전봉의 단기이평선이 직전
             봉의 장기이평선보다 아래에 있을 때
           //즉, 이동평균선 골드크로스 발생 시
            {
              ticket=OrderSend(Symbol(),OP_BUY,Lots,Ask,10,0,0,"MA",MagicNo,0
,Blue);
              //매수포지션 오픈
              //OrderSend(통화쌍,오더의종류,랏사이즈,체결가격,슬리피지,손절매,이익실현가,코멘
                트,매직넘버,지정가주문유효기간,오더색상)
              return(0);
            }
           if(SMACur < LMACur && SMAPre > LMAPre)    //이동평균선 데드크로스 발생 시
            {
              ticket=OrderSend(Symbol(),OP_SELL,Lots,Bid,10,0,0,"MA",MagicNo,
0,Red);
              return(0);
            }
         return(0);
        }


//------------------------------------------------------------------------
//아래구문에서 해당 오더에 대한 손절/익절값을 넣어 줌

  for(i=0;i<OrdersTotal();i++)    //현재 오픈되어 있는 전체 오더를 대상으로 for구문을 돌림
   {
     if(OrderSelect(i, SELECT_BY_POS, MODE_TRADES)==true)
     //OrderSelect함수로 개별 오더를 잡아 줌
      {
       if(OrderMagicNumber()== MagicNo && OrderSymbol()==Symbol())
       //해당 오더의 매직넘버&통화쌍을 확인
        {
           if(OrderType() == OP_BUY)   //오더 타입이 BUY포지션이라면
            {
              if(OrderStopLoss()==0 && OrderTakeProfit() ==0)
                //해당 오더의 손절과 익절값이 '0'이라면
```

```
                {
                  ticketM=OrderModify(OrderTicket(),OrderOpenPrice(),Ask-Stop
Loss*Point*10,Ask+TakeProfit*Point*10,0,Blue);
                                  //새로운 속성으로 해당 오더를 변경함
                  return(0);
                }
              }
            if(OrderType() == OP_SELL)
              {
                if(OrderStopLoss()==0 && OrderTakeProfit() ==0)
                {
                  ticketM=OrderModify(OrderTicket(),OrderOpenPrice(),Bid+Stop
Loss*Point*10,Bid-TakeProfit*Point*10,0,Red);
                  return(0);
                }
              }
          }
        }
      }
return(0);
  }
```

※ 원본 소스파일은 http://cafe.naver.com/mqlsystemtrading에서 다운로드할 수 있습니다. 본 서적에서 제공하는 MQL4소스들은 EA코딩 학습용으로만 활용해야 하며, 실 거래 적용에 따른 결과에 대한 책임은 사용자 본인에게 있습니다.

1-2. 볼린져밴드

1-2-1. 볼린져밴드 설명

볼린져밴드는 가격변동성분석과 추세분석을 동시에 수행하며, 추세가 시작되는 가격돌파 시점을 잡는 데 보편적으로 사용되는 보조지표입니다. 볼린져밴드는 추세중심선, 상단선, 하단선으로 구성되며, 상단선과 하단선의 폭이 좁은 가격대를 형성했을 때, 가격이 볼린져밴드 상단선을 뚫고 상승할 때가 매수신호입니다. 반대로 하단선을 뚫고 하락할 때는 매도신호입니다. 사용자의 해석에 따라 횡보매매를 위한 보조지표로 활용되기도 합니다.

1-2-2. 볼린져밴드를 활용한 매매전략

[진입]

가격이 볼린져밴드의 상단선을 상승돌파할 때 매수진입

가격이 볼린져밴드의 하단선을 하락돌파할 때 매도진입

[청산]

진입과 동시에 이익실현 핍과 손절매 핍 설정

1-2-3. iBands()볼린져밴드 함수 구조

```
double  iBands(
   string      symbol,     //통화쌍
   int         timeframe,  //시간봉
   int         period,     //기간
   double      deviation,  //승수
   int         bands_shift,    //볼린져밴드 쉬프트
   int         applied_price,  //기준가격
   int         mode,       //라인 인덱스
   int         shift       //캔들순서(현재봉일 경우 0, 전봉은 1, 전전봉은 2..)
   );
```

1-2-4. iBands()볼린져밴드 함수 작성법

[표기]

iBands(symbol,timeframe,period,deviation,bands_shift,applied_price,mode,shift)

[해석]

iBands(통화쌍,시간봉,기간,승수,쉬프트,기준가격,라인인덱스,캔들순서)

1-2-5. iBands()볼린져밴드 함수 속성 상세설명

a. 통화쌍(symbol)

오더의 통화쌍을 지정합니다.

"EURUSD": EURUSD통화쌍의 오더를 오픈하도록 합니다.

Symbol(): EA가 적용된 차트 통화쌍의 오더를 오픈합니다.

NULL: EA가 적용된 차트 통화쌍의 오더를 오픈합니다.

b. 시간봉(timeframe)

데이터를 불러올 시간봉. '0'은 현재차트의 값 사용

c. 기간(period)

볼린져밴드 값을 산출할 기간 설정

d. 승수(deviation)

볼린져밴드 승수 설정

e. 볼린져밴드 쉬프트(bands_shift)

볼린져밴드 차트이동설정

f. 기준가격(applied_price)

볼린져밴드를 만들 캔들데이터 선택

g. 라인 인덱스(mode)

0 - MODE_MAIN, 1 - MODE_UPPER, 2 - MODE_LOWER

h. 캔들순서(shift)

'0'은 현재캔들, '1'은 직전캔들, '2'는 전전캔들…

1-2-6. 볼린져밴드 MQL4소스코딩(b. 볼린져밴드를 활용한 매매전략)

검정색: 소스코딩
붉은색: 해설

//--

```
extern int MagicNo = 1234;    //외부변수 값 설정
extern double Lots = 1.0;     //랏사이즈 설정
extern int BBperiod = 20;     //볼린져밴드 기간
extern int BBdeviation = 2;   //볼린져밴드 승수
extern double TakeProfit = 50;  //이익실현 핍
extern double StopLoss = 50;    //손절매 핍

int start()
  {
   double BBupper,BBlower;   //double타입의 변수 설정
   int i, ticket, total;     //int타입의 변수 설정
   bool ticketM;             //bool타입의 변수 설정

    BBupper = iBands(NULL,0,BBperiod,BBdeviation,0,PRICE_OPEN,MODE_UPPER,0);
    BBlower = iBands(NULL,0,BBperiod,BBdeviation,0,PRICE_OPEN,MODE_LOWER,0);
```

//BBupper, BBlower 변수 안에 볼린져밴드 보조지표 값을 넣어줌.
//iBands(통화쌍,시간봉,기간,승수,쉬프트,기준가격,라인인덱스,캔들순서)

//--

```
    total=OrdersTotal();   //변수 total에 현재 오픈포지션의 개수를 입력
    if(total<1)   //현재 오픈포지션의 개수가 1보다 작다면, 즉 현재 오픈포지션이 없다면
     {
       if(Bid > BBupper)   //현재가격이 볼린져밴드 상단선보다 클 때. 즉, 볼린져밴드 상단선 돌파 시
         {
```

```
            ticket=OrderSend(Symbol(),OP_BUY,Lots,Ask,10,0,0,"Bands",MagicNo,0,Blue);
            //매수포지션 오픈
            //OrderSend(통화쌍,오더의종류,랏사이즈,체결가격,슬리피지,손절매,이익실현가,코멘트,매직넘버,지정가주문유효기간,오더색상)
         if(ticket>0)   //ticket이 '0'보다 클 때. 즉, 해당 오더가 성공적으로 오픈되었다면
            {
             if(OrderSelect(ticket,SELECT_BY_TICKET,MODE_TRADES))
             //해당 오더를 선택
                Print("BUY order opened : ",OrderOpenPrice());   //해당 오더의 '오픈
                                                                   가격'을 프린트 함
            }
            else   //ticket이 '0'이거나 '0'보다 작을 때. 즉, 해당 오더가 주문 실패했다면
                Print("Error opening BUY order : ",GetLastError());   //에러번호를 프
                                                                       린트 함
            return(0);
           }
        if(Bid < BBlower)   //현재가격이 볼린져밴드 하단선보다 작을 때. 즉, 볼린져밴드 하단
                              선 돌파 시
         {
            ticket=OrderSend(Symbol(),OP_SELL,Lots,Bid,10,0,0,"Bands",MagicNo,0,Red);
            //매도포지션 오픈
            if(ticket>0)
              {
               if(OrderSelect(ticket,SELECT_BY_TICKET,MODE_TRADES))
                  Print("SELL order opened : ",OrderOpenPrice());
              }
            else
                Print("Error opening SELL order : ",GetLastError());
            return(0);
           }
       return(0);
      }

//-----------------------------------------------------------------------
//아래구문에서 해당 오더에 대한 손절/익절값을 넣어 줌.
```

```
for(i=0;i<OrdersTotal();i++)    //현재 오픈되어 있는 전체 오더를 대상으로 for구문을 돌림
   {
   if(OrderSelect(i, SELECT_BY_POS, MODE_TRADES)==true)
   //OrderSelect함수로 개별 오더를 잡아줌
     {
     if(OrderMagicNumber()== MagicNo && OrderSymbol()==Symbol())
      //해당 오더의 매직넘버&통화쌍을 확인
       {
         if(OrderType() == OP_BUY)    //오더 타입이 BUY포지션이라면
          {
          if(OrderStopLoss()==0 && OrderTakeProfit() ==0)
           //해당 오더의 손절과 익절값이 '0'이라면
             {
              ticketM=OrderModify(OrderTicket(),OrderOpenPrice(),Ask-Stop
Loss*Point*10,Ask+TakeProfit*Point*10,0,Blue);
              //새로운 속성으로 해당 오더를 변경함
              return(0);
             }
          }
         if(OrderType() == OP_SELL)
          {
          if(OrderStopLoss()==0 && OrderTakeProfit() ==0)
            {
             ticketM=OrderModify(OrderTicket(),OrderOpenPrice(),Bid+Stop
Loss*Point*10,Bid-TakeProfit*Point*10,0,Red);
             return(0);
            }
          }
       }
     }
   }
return(0);
 }
```

※ 원본 소스파일은 http://cafe.naver.com/mqlsystemtrading에서 다운로드할 수 있습니다. 본 서적에서 제공하는 MQL4소스들은 EA코딩 학습용으로만 활용해야 하며, 실 거래 적용에 따른 결과에 대한 책임은 사용자 본인에게 있습니다.

1-3. RSI상대강도지수

앞서 살펴본 이동평균선과 볼린져밴드는 OrderModify()함수를 활용하여 청산로직이 코딩되었으며, 이번 RSI상대강도지수를 활용한 MQL4소스 코딩에서는 OrderClose()함수를 활용하여 청산로직을 코딩하는 법을 보겠습니다.

1-3-1. RSI상대강도지수 설명

RSI(Relative Strength Index)는 상대강도지수라고도 불리며, 일정기간 동안의 가격 상승과 하락 중에서 상승폭과 하락폭을 비교함으로써 시장변동성의 강도를 측정하는 보조지표입니다. 또한 상승과 하락의 한계를 정해 움직임의 범위를 설정하여, 순간적인 시장변동성 때문에 가격이 갑자기 급등락하는 경우에 나타나는 시장가격의 왜곡을 방지합니다.

1-3-2. RSI상대강도지수를 활용한 매매전략

[진입]

RSI가 30기준선을 상향 돌파 시 매수진입

RSI가 70기준선을 하향 돌파 시 매도진입

[청산]

RSI가 70기준선에 닿으면 매수포지션 청산

RSI가 30기준선에 닿으면 매도포지션 청산

1-3-3. iRSI() 함수 구조

```
double  iRSI(
   string      symbol,        //통화쌍
   int         timeframe,     //시간봉
   int         period,        //기간
   int         applied_price, //기준가격
   int         shift          //캔들순서(현재봉일 경우 0, 전봉은 1, 전전봉은 2..)
   );
```

1-3-4. iRSI() 함수 작성법

[표기]

iRSI(symbol,timeframe,period,applied_price,shift)

[해석]

iRSI(통화쌍,시간봉,기간,기준가격,캔들순서)

1-3-5. iRSI() 함수 속성 상세설명

a. 통화쌍(symbol)

오더의 통화쌍을 지정합니다.

"EURUSD":EURUSD통화쌍의 오더를 오픈하도록 합니다.

Symbol(): EA가 적용된 차트 통화쌍의 오더를 오픈합니다.

NULL: EA가 적용된 차트 통화쌍의 오더를 오픈합니다.

b. 시간봉(timeframe)

데이터를 불러올 시간봉. '0'은 현재차트의 값 사용

c. 기간(period)

RSI값을 산출할 기간 설정

d. 기준가격(applied_price)

RSI를 만들 캔들데이터 선택

e. 캔들순서(shift)

'0'은 현재캔들, '1'은 직전캔들, '2'는 전전캔들…

1-3-6. RSI상대강도지수 MQL4소스코딩(1-3-2. RSI상대강도지수를 활용한 매매전략)

검정색글자: 소스코딩
붉은색글자: 해설

```
//-------------------------------------------------------------------------------

extern int MagicNo = 1234;    //외부변수 값 설정
extern double Lots = 1.0;     //랏사이즈 설정
extern int RSIperiod = 14;    //RSI기간
extern int Top = 70;          //RSI윗선
extern int Bottom = 30;       //RSI아래선

int start()
  {
   double preRSI,curRSI;    //double 타입의 변수 설정
   int i, ticket, total;    //int 타입의 변수 설정
   bool CloseSuccess;       //bool 타입의 변수 설정

   preRSI = iRSI(NULL,0,RSIperiod,PRICE_OPEN,1);
   curRSI = iRSI(NULL,0,RSIperiod,PRICE_OPEN,0);
```

//preRSI,curRSI 변수 안에 볼린져밴드 보조지표 값을 넣어줌.
//iRSI(통화쌍,시간봉,기간,기준가격,캔들순서)

```
//-------------------------------------------------------------------------------
   total=OrdersTotal();    //변수 total에 현재 오픈포지션의 개수를 입력
   if(total<1)   //현재 오픈포지션의 개수가 1보다 작다면, 즉 현재 오픈포지션이 없다면
    {
       if(preRSI < Bottom && curRSI > Bottom)
       //이전 캔들의 RSI값이 Bottom(30)보다 작고, 현재 캔들의 RSI값이 Bottom(30)보다 클
       때. 즉, 30기준선을 상향돌파 시
        {
          ticket=OrderSend(Symbol(),OP_BUY,Lots,Ask,10,0,0,"RSI",MagicNo,0,Blue);
```

```
            //매수포지션 오픈
            //OrderSend(통화쌍,오더의종류,랏사이즈,체결가격,슬리피지,손절매,이익실현가,코멘
              트,매직넘버,지정가주문유효기간,오더색상)
            if(ticket>0)    //ticket이 '0'보다 클 때. 즉, 해당 오더가 성공적으로 오픈되었다면
              {
                if(OrderSelect(ticket,SELECT_BY_TICKET,MODE_TRADES))
                //해당 오더를 선택
                  Print("BUY order opened : ",OrderOpenPrice());    //해당 오더의 '오픈
                                                                        가격'을 프린트 함
              }
            else   //ticket이 '0'이거나 '0'보다 작을 때. 즉, 해당 오더가 주문 실패했다면
                Print("Error opening BUY order : ",GetLastError());   //에러번호를  프
                                                                          린트 함
            return(0);
          }
        if(preRSI > Top && curRSI < Top)
        //이전 캔들의 RSI값이 Top(70)보다 크고, 현재 캔들의 RSI값이 Top(70)보다 작을 때. 즉,
          70기준선을 하향돌파 시
          {
           ticket=OrderSend(Symbol(),OP_SELL,Lots,Bid,10,0,0,"RSI",MagicNo,
0,Red);
            //매도포지션 오픈
            if(ticket>0)
              {
                if(OrderSelect(ticket,SELECT_BY_TICKET,MODE_TRADES))
                  Print("SELL order opened : ",OrderOpenPrice());
              }
            else
                Print("Error opening SELL order : ",GetLastError());
            return(0);
          }
       return(0);
     }

//---------------------------------------------------------------
//OrderClose()함수를 사용하여 조건청산
   for(i=0;i<OrdersTotal();i++)   //현재 오픈되어 있는 전체 오더를 대상으로 for구문을 돌림
     {
```

```
        if(OrderSelect(i, SELECT_BY_POS, MODE_TRADES)==true)    //OrderSelect
                                                                  함수로 개별
                                                                  오더를 잡아줌

   {
     if(OrderMagicNumber()== MagicNo && OrderSymbol()==Symbol())
     //해당 오더의 매직넘버&통화쌍을 확인
      {
         if(OrderType() == OP_BUY)   //오더 타입이 BUY포지션이며
           {
            if(curRSI >= Top)   //현재 캔들의 RSI값이 Top(70)보다 크거나 같을 때. 즉,
                                  RSI 70 기준선에 닿을 시.
              {
               CloseSuccess=OrderClose(OrderTicket(),OrderLots(),Bid,10,White);   //청산
               return(0);
              }
           }
         if(OrderType() == OP_SELL)   //오더 타입이 SELL포지션이며
           {
            if(curRSI <= Bottom)   //현재 캔들의 RSI값이 Bottom(30)보다 작거나 같을
                                     때. 즉, RSI 30 기준선에 닿을 시.
              {
               CloseSuccess=OrderClose(OrderTicket(),OrderLots(),Ask,10,White);   //청산
               return(0);
              }
           }
       }
     }
   }
return(0);
 }
```

※ 원본 소스파일은 http://cafe.naver.com/mqlsystemtrading에서 다운로드할
수 있습니다. 본 서적에서 제공하는 MQL4소스들은 EA코딩 학습용으로만 활용
해야 하며, 실 거래 적용에 따른 결과에 대한 책임은 사용자 본인에게 있습니다.

❷ 캔들(시간봉)매매전략 EA

이번 장에서는 캔들 패턴을 활용하여 매매전략을 구상하고 코딩하는 법에 대해 보겠습니다. 여기에서 배운 내용을 활용하여, 우리가 흔히 알고 있는 망치형/샅바형/적삼병/흑삼병/잉태형/장악형을 비롯해 트레이더가 상상 가능한 모든 형태의 캔들패턴이 코딩으로 구현 가능합니다.

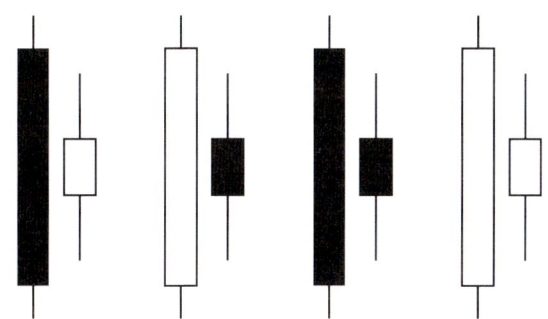

2-1. 캔들 활용 기본이론

캔들 활용을 위해 꼭 필요한 함수는 아래와 같이 6개가 있습니다.

Time[]
Open[]
Close[]
High[]
Low[]
Volume[]

2-1-1. Time[]

: Time[]함수는 현재차트 캔들의 시작시간 값을 불러오며, 1970년 1월 1일 0시부터 현재까지 경과된 시간을 초 단위로 표현합니다.

아래 예시와 같이 대괄호 안 숫자를 사용하여 현재 캔들의 오픈 시간 혹은 이전 캔들의 오픈 시간을 가져올 수 있습니다.

Time[0] - 현재봉의 시작시간
Time[1] - 전봉
Time[2] - 전전봉
Time[3] - 전전전봉
…..

2-1-2. Open[]

: 현재차트 캔들의 시작가

2-1-3. Close[]

: 현재차트 캔들의 종가
Close[0]은 현재시장가격을 불러옴

2-1-4. High[]

: 현재차트 캔들의 고가

2-1-5. Low[]

: 현재차트 캔들의 저가

2-1-6. Volume[]

: 현재차트 캔들을 구성하는 틱수량

위에서 제시한 6가지 캔들 함수(Time[]/Open[]/Close[]/High[]/Low[]/Volume[])를 활용하여, 사용자가 원하는 모든 캔들의 패턴을 코딩으로 구현 가능합니다. 하지만, 이는 EA가 현재 적용되어 있는 통화쌍과 시간봉의 정보만 가져올 수 있으며, 타 통화쌍 혹은 타 시간봉의 정보를 가져오지 못합니다. 다시 말해, EURUSD통화쌍의 15분 차트에서 매매하면서 USDJPY통화쌍의 1시간 차트 움직임을 보고 활용하는 것이 불가능합니다.

이러한 문제를 해결하기 위해 아래에서는 '통화쌍'과 '시간봉'을 캔들 함수에 직접 지정해 주는 방법에 대해 보겠습니다. 이렇게 함으로써 EA가 현재 적용된 차트의 종류에 상관없이, 미리 지정해 둔 통화쌍과 시간봉의 값을 불러오게 할 수 있습니다.

iTime
iOpen
iClose
iHigh
iLow
iVolume

a. iTime

:통화쌍 차트와 시간봉을 지정하여 해당봉(캔들)의 시작시간을 불러옵니다.

a) 기본형식

datetime iTime(string symbol, int timeframe, int shift)
symbol   //통화쌍 선택. NULL 및 Symbol()은 현재차트의 통화쌍 적용
timeframe   //시간봉 선택. 0은 현재차트의 시간봉 적용
shift   //0은 가장 최근봉을 뜻함.(전봉-1, 전전봉-2, ..)

b) 시간봉(timeframe) 선택값

Constant	Value	Description
PERIOD_M1	1	1분봉
PERIOD_M5	5	5분봉
PERIOD_M15	15	15분봉
PERIOD_M30	30	30분봉
PERIOD_H1	60	1시간봉
PERIOD_H4	240	4시간봉
PERIOD_D1	1440	일봉
PERIOD_W1	10080	주봉
PERIOD_MN1	43200	월봉
0 (zero)	0	현재차트의 통화쌍 적용

예)

iTime(NULL,0,0)
iOpen(Symbol(),60,0)
iClose("EURUSD",PERIOD_H1,1)
iLow("USDCHF",PERIOD_H1,2)
iVolume("USDCHF",PERIOD_H1,3)

b. iOpen

double iOpen(string symbol, int timeframe, int shift)

c. iClose

double iClose(string symbol, int timeframe, int shift)

d. iHigh

double iHigh(string symbol, int timeframe, int shift)

e. iLow

double iLow(string symbol, int timeframe, int shift)

f. iVolume

double iVolume(string symbol, int timeframe, int shift)

다음 장에서는 지금까지 살펴본 캔들관련 함수들을 활용하여 추세/역추세/기간 돌파/박스권 등과 같은 캔들 패턴을 활용한 매매전략에 대해 알아보고 소스코딩을 해 보겠습니다.

2-2. 추세 패턴기법

캔들이 한 방향으로 추세를 형성하는 시점에 진입을 잡는 방법입니다. 역추세 및 변곡점 매매전략에서도 동일하게 활용될 수 있습니다.

추세장과 횡보장을 구분하는 기준에는 주관적인 판단이 많이 개입됩니다. 예를 들어, 5분차트에서 매매를 하는 트레이더가 현재 시장 상황이 추세장이라고 판단 하더라도, 일일차트로 보면 대부분이 횡보장에 머물고 있는 경우가 많습니다. 그러므로, 본인의 판단하에 추세장의 기준을 명확히 정한 후, 추세장과 횡보장을 구분해야 합니다.

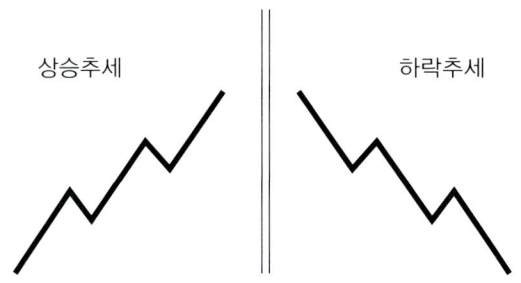

2-2-1. 실선예제1

Question

15분차트에서 현재봉이 30핍 이상 상승 시

Answer

if(iClose(NULL,15,0)-iOpen(NULL,15,0) > 30*Point*10)

2-2-2. 실전예제2

Question

봉 세 개가 연속하여 양봉이 나올 때

Answer

If(Close[3]>Open[3] && Close[2]>Open[2] && Close[1]>Open[1])

2-2-3. 실전예제3

Question

EURUSD통화쌍 15분차트에서 봉 세 개가 연속하여 양봉이며, 15분차트 직전봉이 30핍 이상 양봉이며, 4시간 현재봉 또한 양봉일 때

Answer

If(iClose("EURUSD",15,3)>iOpen("EURUSD",15,3)
&&
iClose("EURUSD",15,2)>iOpen("EURUSD",15,2)
&&
iClose("EURUSD",15,1)>iOpen("EURUSD",15,1)
&&
iClose("EURUSD",15,1)-iOpen("EURUSD",15,1) > 30*Point*10
&&
iClose("EURUSD",240,0) > iOpen("EURUSD",240,0))

2-3. 기간돌파 & 박스권 패턴기법

일정기간을 설정 후, 기간을 X축으로 두고 고점과 저점을 Y축으로 하여 하나의 박스권을 형성합니다. 이 박스권을 돌파하는 시점에서 추세매매를 하기도 하며, 이 박스권 내에서 횡보장 매매를 실행할 수도 있습니다.

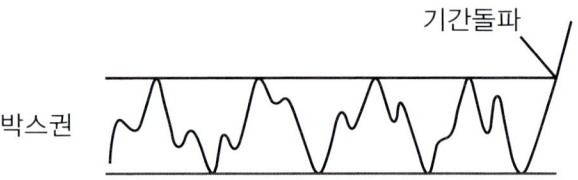

일정기간동안 고점(저점)의 캔들을 찾는 함수는 iHighest(iLowest)함수이며 활용법은 아래와 같습니다.

int iHighest(string symbol, int timeframe, int type, int count=WHOLE_ARRAY, int start=0)
int iHighest(통화쌍,시간봉,가격타입,X축캔들개수,캔들카운팅시작시점)

※ 가격타입

Constant	Value	Description
MODE_OPEN	0	시가
MODE_LOW	1	저가
MODE_HIGH	2	고가
MODE_CLOSE	3	종가

예)

iHighest(NULL,0,2,100,1)

해석)

iHighest(현재통화쌍,현재시간봉,고가,캔들100개,직전캔들부터100개카운팅)

직전캔들부터 100개까지의 캔들 중에서 최고가를 기록한 캔들의 인덱스(번호)가 iHighest에 담기며, 이 '캔들인덱스'를 High함수를 사용하여 '값'으로 변환합니다.

double high = High[iHighest(NULL,0,2,100,1)];   //최근 100개 캔들 중 최고가격을 구함
double low = Low[iLowest(NULL,0,1,100,1)];   //최근 100개 캔들 중 최저가격을 구함

[실전예제]

Question

현재 시장가격이 최근 24개 캔들의 고점과 저점 박스권을 상승 돌파할 때

Answer

double high = High[iHighest(NULL,0,2,24,1)];
If(Bid > high)
{
명령문입력;
}

2-4. 다른 통화쌍과 다른 캔들봉 활용 기법

모든 시간봉에서 동일한 방향을 나타내는 시점을 추세형성 시점으로 보는 방법입니다. 예를 들어, 1분/5분/15분/30분/1시간/4시간/일봉/주봉/월봉 모두 양봉을 나타낸다면 강력한 상승 추세 신호로 보는 것입니다.

[실전예제]

Question

EURUSD통화쌍 차트 15분/1시간/4시간차트의 현재봉이 모두 양봉일 때

Answer

If(iClose("EURUSD",15,0)>iOpen("EURUSD",15,0)
&&
iClose("EURUSD",60,0)>iOpen("EURUSD",60,0)
&&
iClose("EURUSD",240,0)>iOpen("EURUSD",240,0))

❸ 분할매매 전략 EA

분할매매란 하나의 매매행위를 진입시점을 달리하여 여러 번의 작은 매매행위로 나누는 것을 의미합니다. 물타기 혹은 불타기라고도 불리기도 하며, 물타기는 에버리징, 불타기는 피라미딩이라고 합니다.

물타기(에버리징)란 '희석시킨다'는 의미를 가진 말로, 매수한 포지션의 가격이

하락할 때 그 손실을 만회하기 위해 매수량을 더욱 늘려 평균매수단가를 낮춤으로써 작은 반등에도 수익을 추구하는 행위를 가리킵니다.

불타기(피라미딩)란 물타기 기법의 반대되는 매매행위로서, 매수한 포지션의 가격이 상승할 때 추가매수를 함으로써 더 큰 수익을 추구하는 행위를 의미합니다.

3-1. 에버리징 기법

일명 물타기로 알려진 전략으로서, 포지션 진입 후, 손실이 진행되는 방향으로 차트가 움직일 때 첫 번째 오픈 포지션과 같은 방향의 추가주문을 일정한 거리를 두고 진입하는 것을 뜻합니다. 즉, 평균 매매단가를 현 시세보다 낮추기 위해 일정한 간격을 두고 같은 포지션을 계속 매입하는 것입니다.

[장점]
당초 진입했던 호가보다 평균 호가를 낮추게 됨으로써 이익실현의 기회가 많아짐.
횡보장에 적합한 매매전략.

[단점]
시장가격의 움직임이 반대방향으로 진행되며, 되돌림 없는 추세가 형성된다면, 모든 자본금 소진.

[소스코딩]

검정색글자: 소스코딩
붉은색글자: 해설

```
//------------------------------------------------------------------------------
extern int Magic = 1234;        //매직넘버 설정
extern double Lots = 0.01;      //랏사이즈 설정
extern int BUY_1_SELL_2 = 2;    //'1'은 매수, '2'는 매도
extern int Distance = 20;       //추가진입간격(핍)
extern int TPamount = 1;        //오픈포지션 전체 합산수익 청산금액
extern int SLamount = 10000;    //오픈포지션 전체 합산손실 청산금액
extern int SpreadLimit = 30;    //스프레드 진입제한(포인트)

int start()
{

//변수 정의
int ticket;
bool SelectCheck;
int Bcount=0,Scount=0;
double Bprofit=0,Sprofit=0;
double Bopen=0,Sopen=0;


//---------------------오픈포지션 개수/손익합/오픈가격을 체크하기 위해 for구문 사용

for(int i=0;i<OrdersTotal();i++)    //현재 오픈 포지션을 대상으로
  {
    SelectCheck=OrderSelect(i, SELECT_BY_POS, MODE_TRADES);  //개별 오픈포
                                                             지션을 잡음
    if(OrderMagicNumber()==Magic)   //매직넘버 확인
      {
        if(OrderType()==OP_BUY)     //오더 타입이 매수주문이면 아래 실행
          {
            Bcount++;   //전체 매수오더 개수 카운팅
            Bprofit = Bprofit + OrderProfit() + OrderSwap() + OrderCommission();
```

```
            //전체 매수오더의 손익계산
         Bopen = OrderOpenPrice();   //최근 오픈매수포지션의 오픈가격 기록
        }
      if(OrderType()==OP_SELL)   //오더 타입이 매도주문이면 아래 실행
        {
         Scount++;   //전체 매도오더 개수 카운팅
         Sprofit = Sprofit + OrderProfit() + OrderSwap() + OrderCommission();
            //전체 매도오더의 손익계산
         Sopen = OrderOpenPrice();   //최근 오픈매도포지션의 오픈가격 기록
        }
     }
   }


//------------------------포지션 청산구문

if(Bcount > 0)   //현재 오픈 매수포지션의 개수가 '0'보다 크다면
  {
   if(Bprofit > TPamount || Bprofit < -SLamount)   //전체매수포지션의 손익 총합이
                                                    TPamount보다 크거나,
                                                    -SLamount보다 작다면

     {
      CloseAll();   //전체 오픈포지션 청산(사용자함수)
     }
  }
if(Scount > 0)   //현재 오픈 매도포지션의 개수가 '0'보다 크다면
  {
   if(Sprofit > TPamount || Sprofit < -SLamount)   //전체매도포지션의 손익 총합이
                                                    TPamount보다 크거나,
                                                    -SLamount보다 작다면

     {
      CloseAll();   //전체 오픈포지션 청산(사용자함수)
     }
  }


//------------------------스프레드제한구문
```

```
if(MarketInfo(Symbol(),MODE_SPREAD) > SpreadLimit)   //현재 스프레드가 Spread
                                                       Limit보다 크다면
  {
   return(0);   //틱을 반환하며, 이하 아래구문이 읽히지 않도록 함
  }


//------------------------첫 포지션 오픈구문

if(Bcount+Scount == 0)   //오픈되어 있는 매수매도포지션의 합이 '0'이라면
  {
   if(BUY_1_SELL_2 == 1)   //BUY_1_SELL_2외부변수가 '1'일 때
     {
      ticket=OrderSend(Symbol(),OP_BUY,Lots,Ask,10,0,0,"averaging",Magic,Blue);
      //매수포지션진입
      return(0);
     }
   if(BUY_1_SELL_2 == 2)   //BUY_1_SELL_2외부변수가 '2'일 때
     {
       ticket=OrderSend(Symbol(),OP_SELL,Lots,Bid,10,0,0,"averaging",Magic,Red);
      //매도포지션진입
      return(0);
     }
  }


//------------------------추가 포지션 오픈구문

if(Bcount > 0)   //매수포지션이 '0'보다 크다면. 즉 매수포지션이 오픈되어 있는 상태에서
  {
   if(Ask < Bopen-Distance*Point*10)   //현재가격이 (Bopen(직전매수오픈포지션의 오
                                         픈가격) - Distance핍)보다 작을 때
     {
      ticket = OrderSend(Symbol(),OP_BUY,Lots,Ask,10,0,0,"averaging",Magic,Blue);
```

         //추가매수포지션 오픈
       return(0);
      }
    }
if(Scount > 0)   //매도포지션이 '0'보다 크다면. 즉 매도포지션이 오픈되어 있는 상태에서
    {
     if(Bid > Sopen+Distance*Point*10)   //현재가격이 (Sopen(직전매도오픈포지션의 오
                                                              픈가격) + Distance핍)보다 클 때
      {
        ticket = OrderSend(Symbol(),OP_SELL,Lots,Bid,10,0,0,"averaging",Magic,Red);
        //추가매도포지션 오픈
       return(0);
      }
    }
return(0);
}

//----------------------전체청산 사용자함수
void CloseAll(int op_mode = -1)
{
 bool CloseCheck;
 for(int i=0;i<10;i++)
 {
 int total = OrdersTotal();
 if(total==0) return;
 RefreshRates();
  for(int cnt = total-1; cnt>=0; cnt--)
   {
    if (OrderSelect(cnt, SELECT_BY_POS, MODE_TRADES) == TRUE)
     {
      if(OrderMagicNumber() == Magic)
       {
          if(OrderType() == OP_BUY) CloseCheck=OrderClose(OrderTicket(), OrderLots(), Bid, 10, White);
          if(OrderType() == OP_SELL) CloseCheck=OrderClose(OrderTicket(), OrderLots(), Ask, 10, White);

```
        }
      }
    }
}
return;
}
```

※ 원본 소스파일은 http://cafe.naver.com/mqlsystemtrading에서 다운로드할 수 있습니다. 본 서적에서 제공하는 MQL4소스들은 EA코딩 학습용으로만 활용해야 하며, 실 거래 적용에 따른 결과에 대한 책임은 사용자 본인에게 있습니다.

3-2. 피라미딩 기법

에버리징전략(물타기)이 오픈포지션 손실이 나는 중에 진입하는 반면, 피라미딩 전략은 오픈포지션이 이익이 나고 있을 때, 같은 방향으로 추가 주문을 오픈하는 전략입니다.

[장점]

목표 이익실현에 더 빨리 도달.

[단점]

손절매 시 손실금액이 배가됨.

[소스코딩]

앞서 배운 에버리징 매매전략 소스코딩과 동일하며, '추가포지션 오픈구문'만 다릅니다. 피라미딩 매매전략의 추가포지션 오픈구문의 소스를 보겠습니다.

검정색글자: 소스코딩
붉은색글자: 해설

//--
//-------------------------추가 포지션 오픈구문

if(Bcount > 0)   //매수포지션이 '0'보다 크다면. 즉 매수포지션이 오픈되어 있는 상태에서
  {
   if(Ask > Bopen+Distance*Point*10)   //현재가격이 (Bopen(직전매수오픈포지션의 오
                                          픈가격) + Distance핍)보다 클 때
    {
     ticket = OrderSend(Symbol(),OP_BUY,Lots,Ask,10,0,0,"pyramiding",Magic,Blue);
     //추가매수포지션 오픈
     return(0);
    }
  }

if(Scount > 0)   //매도포지션이 '0'보다 크다면. 즉 매도포지션이 오픈되어 있는 상태에서
  {
   if(Bid < Sopen-Distance*Point*10)   //현재가격이 (Sopen(직전매도오픈포지션의 오
                                          픈가격) - Distance핍)보다 작을 때
    {
     ticket = OrderSend(Symbol(),OP_SELL,Lots,Bid,10,0,0,"pyramiding",Magic,Red);
     //추가매도포지션 오픈
     return(0);
    }
  }

※ 원본 소스파일은 http://cafe.naver.com/mqlsystemtrading에서 다운로드할 수 있습니다. 본 서적에서 제공하는 MQL4소스들은 EA코딩 학습용으로만 활용해야 하며, 실 거래 적용에 따른 결과에 대한 책임은 사용자 본인에게 있습니다.

④ 마틴게일 매매전략 EA

마틴게일 매매전략은 겜블링에서 사용하는 베팅기법을 외환 매매에 적용한 것입니다. 직전 거래의 손실여부에 따라 배수 베팅을 하여, 단 한 번의 승리로 직전 거래의 손실들을 모두 만회하는 매매전략입니다.

예를 들어, 이번 판에 100원의 베팅 손실이 발생한다면, 다음 판에 200원을 베팅합니다. 만약 또 연속손실이 발생한다면, 400원을 베팅합니다. 그러므로 한 번의 이익 거래가 있을 시, 앞선 거래의 모든 손실을 만회하고도 수익이 발생하게 됩니다.

[장점]
단 한 번의 이익거래로 모든 손실을 만회할 수 있음.

[단점]
연속손실이 계속하여 진행될 경우, 자본금을 모두 소진하게 됨.

마틴게일 기법을 활용한 매매전략에 대해 알아보겠습니다.

4-1. 100% 순수 마틴게일 매매전략

[내용]
100% 순수 마틴게일 매매전략은 포지션(오더)이 청산된 후, 이 포지션이 수익청

산이었는지 손실청산인지 구분하여, 손실 청산일 경우 다음 포지션진입 랏 사이즈를 배수로 진입하는 매매전략입니다. 한 번의 이익청산거래가 왔을 때, 이전 거래들의 모든 손실을 만회하기 위한 전략입니다.

여기서는 기본 매매로직 소스코딩에 대해 다루며, 이를 응용하고 변수 값을 설정하는 건 코더가 직접 해 보기를 추천합니다.

[소스코딩]

검정색글자: 소스코딩
붉은색글자: 해설

```
//--------------------------------------------------------------------------------

extern int Magic = 1234;        //매직넘버 설정
extern double Lots = 0.01;      //랏사이즈 설정
extern double Martingale = 2.0; //마틴게일배수 설정
extern int CandleSize = 20;     //전봉사이즈 설정
extern double TPpip = 20;       //이익실현 핍
extern double SLpip = 20;       //손절매 핍

bool PandL = true;              //변수정의
double LotsOpt, LotsMulti;      //변수정의

int start()
  {
   int i, ticket, total;        //변수정의
   int Bcount=0,Scount=0;       //변수정의
   double Bopen=0,Sopen=0;      //변수정의
   bool SelectCheck;            //변수정의


//------------------------오픈포지션 개수/오픈가격을 체크하기 위해 for구문 사용
```

```
for(i=0;i<OrdersTotal();i++)   //현재 오픈포지션을 대상으로
  {
    SelectCheck=OrderSelect(i, SELECT_BY_POS, MODE_TRADES);   //개별 오픈포
                                                               지션을 잡음

    if(OrderMagicNumber()==Magic)   //매직넘버 확인
     {
      if(OrderType()==OP_BUY)   //오더 타입이 매수주문이면 아래 실행
        {
         Bcount++;   //전체 매수오더 개수 카운팅
         Bopen = OrderOpenPrice();   //최근 오픈매수포지션의 오픈가격 기록
        }
      if(OrderType()==OP_SELL)   //오더 타입이 매도주문이면 아래 실행
        {
         Scount++;   //전체 매도오더 개수 카운팅
         Sopen = OrderOpenPrice();   //최근 오픈매도포지션의 오픈가격 기록
        }
     }
  }


//-----------------------랏사이즈 설정

if(PandL == true)   //PandL변수가 true이면
  {
   LotsOpt = Lots;   //LotsOpt변수에 Lots값을 넣어줌
  }
if(PandL == false)   //PandL변수가 false면
  {
   LotsOpt = LotsMulti;   //LotsOpt변수에 LotsMulti값을 넣어줌
  }

//-----------------------포지션 진입구문

   total=OrdersTotal();   //변수 total에 현재 오픈포지션의 개수를 입력
   if(total<1)   //현재 오픈포지션의 개수가 1보다 작다면, 즉 현재 오픈포지션이 없다면
    {
     if(Volume[0] == 1)   //캔들의 첫번째 틱인지 확인(캔들시작가에서만 진입)
```

```
      {
        if(Close[1]-Open[1] > CandleSize*Point*10)   //직전봉이 양봉이며 그 사이즈
                                                       가 CandleSize핍보다 클 때
        {
          ticket=OrderSend(Symbol(),OP_BUY,LotsOpt,Ask,10,0,0,"PureMartin
gale",Magic,0,Blue);
              //매수포지션 오픈
              //OrderSend(통화쌍,오더의종류,랏사이즈,체결가격,슬리피지,손절매,이익실현가,코멘
              트,매직넘버,지정가주문유효기간,오더색상)
          return(0);
        }
        if(Open[1]-Close[1] > CandleSize*Point*10)   //직전봉이 음봉이며 그 사이즈
                                                       가 CandleSize핍보다 클 때
        {
          ticket=OrderSend(Symbol(),OP_SELL,LotsOpt,Bid,10,0,0,"PureMartin
gale",Magic,0,Red);
              //매도포지션 오픈
          return(0);
        }
      }
    return(0);
    }

//-----------------------포지션 청산구문

if(Bcount > 0)   //현재 오픈 매수포지션의 개수가 '0'보다 크다면
  {
    if(Bid > Bopen+TPpip*Point*10)   //현재가격이 오픈가격+TPpip핍보다 클 때(TPpip핍
                                       수익일 때)
    {
      CloseAll();   //오픈포지션 청산(사용자함수)
      PandL = true;   //PandL변수를 true로 설정
      return(0);
    }
    if(Bid < Bopen-SLpip*Point*10)   //현재가격이 오픈가격-SLpip핍보다 작을 때(SLpip핍
                                       손실일 때)
    {
```

```
      CloseAll();     //오픈포지션 청산(사용자함수)
      PandL = false;   //PandL변수를 false로 설정
      LotsMulti = LotsOpt*Martingale;   //LotsMulti에 'LotsOpt x Martingale' 값을 넣
                                          어 줌.
      return(0);
     }
  }
if(Scount > 0)   //현재 오픈 매도포지션의 개수가 '0'보다 크다면
  {
    if(Ask < Sopen-TPpip*Point*10)   //현재가격이 오픈가격-TPpip핍보다 작을 때(TPpip
                                       핍 수익일 때)
    {
      CloseAll();     //오픈포지션 청산(사용자함수)
      PandL = true;   //PandL변수를 true로 설정
      return(0);
    }
    if(Ask > Sopen+SLpip*Point*10)   //현재가격이 오픈가격+SLpip핍보다 클 때(SLpip
                                       핍 손실일 때)
    {
      CloseAll();     //오픈포지션 청산(사용자함수)
      PandL = false;   //PandL변수를 false로 설정
      LotsMulti = LotsOpt*Martingale;   //LotsMulti에 'LotsOpt x Martingale' 값을 넣
                                          어 줌.
      return(0);
    }
  }
return(0);
 }

//------------------------전체청산 사용자함수
void CloseAll(int op_mode = -1)
{
 bool CloseCheck;
 for(int i=0;i<10;i++)
{
 int total = OrdersTotal();
 if(total==0) return;
```

```
 RefreshRates();
 for(int cnt = total-1; cnt>=0; cnt--)
  {
  if (OrderSelect(cnt, SELECT_BY_POS, MODE_TRADES) == TRUE)
   {
    if(OrderMagicNumber() == Magic)
     {
       if(OrderType() == OP_BUY) CloseCheck=OrderClose(OrderTicket(), OrderLots(), Bid, 10, White);
       if(OrderType() == OP_SELL) CloseCheck=OrderClose(OrderTicket(), OrderLots(), Ask, 10, White);
     }
   }
  }
}
return;
}
```

※ 원본 소스파일은 http://cafe.naver.com/mqlsystemtrading에서 다운로드할 수 있습니다. 본 서적에서 제공하는 MQL4소스들은 EA코딩 학습용으로만 활용해야 하며, 실 거래 적용에 따른 결과에 대한 책임은 사용자 본인에게 있습니다.

4-2. 횡보장 절대수익 마틴게일 매매전략

[내용]

횡보장 절대수익 마틴게일 매매전략은 앞서 배운 에버리징 기법에 마틴게일이 가미된 형태의 매매전략입니다. 오픈포지션의 손실이 진행되는 상황에서, 직전 포지션의 오픈가격과 현재 시장가격 사이에 일정 간격(핍)이 벌어졌을 때, 배수 랏으로 추가 진입하는 매매전략입니다.

마틴게일 기법을 사용하기 때문에 차트의 되돌림이 조금만 발생하더라도, 전체 오픈포지션을 수익으로 청산할 수 있는 게 가장 큰 장점이나, 차트가 되돌림 없이 추세를 만들며 한 방향으로만 흘러간다면, 모든 자본금을 소진하게 될 가능성이 있으므로 주의해야 합니다.

박스권 횡보장에서는 끊임없는 수익을 안겨 주기 때문에 많은 트레이더들이 애용하는 전략이긴 하나, 그 이면에 감추어진 리스크가 크므로, 반드시 위험관리가 병행돼야 합니다.

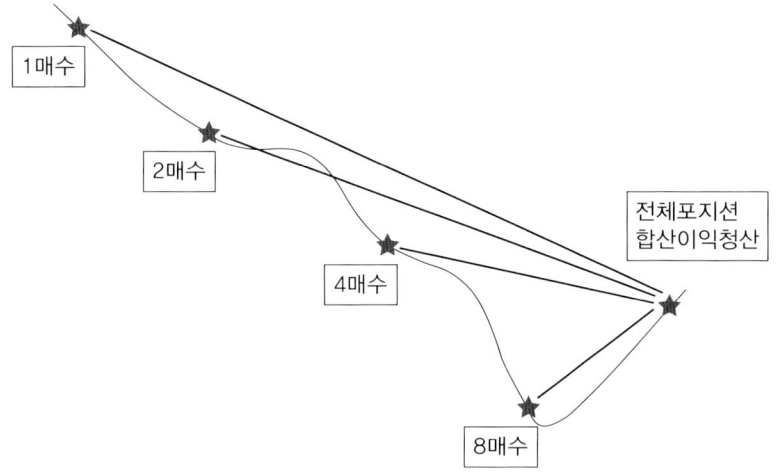

여기서는 기본 매매로직 소스코딩에 대해 다루며, 이를 응용하고 변수 값을 설정하는 건 코더가 직접 해 보기를 추천합니다.

[소스코딩]

검정색글자: 소스코딩
붉은색글자: 해설

```
//--------------------------------------------------------------------------------

extern int Magic = 1234;        //매직넘버 설정
extern double Lots = 0.01;      //랏사이즈 설정
extern int BUY_1_SELL_2 = 2;    //'1'은 매수, '2'는 매도
extern int Distance = 20;       //추가진입간격(핍)
extern int TPamount = 1;        //오픈포지션 전체 합산수익 청산금액
extern int SLamount = 10000;    //오픈포지션 전체 합산손실 청산금액
extern int SpreadLimit = 30;    //스프레드 진입제한(포인트)
extern double Martingale = 2.0; //마틴게일배수 설정

int start()
{

//변수 정의
int ticket;
bool SelectCheck;
int Bcount=0,Scount=0;
double Bprofit=0,Sprofit=0;
double Bopen=0,Sopen=0;


//---------------------오픈포지션 개수/손익합/오픈가격을 체크하기 위해 for구문 사용

for(int i=0;i<OrdersTotal();i++)   //현재 오픈 포지션을 대상으로
  {
    SelectCheck=OrderSelect(i, SELECT_BY_POS, MODE_TRADES);  //개별 오픈포
                                                              지션을 잡음
    if(OrderMagicNumber()==Magic)   //매직넘버 확인
      {
        if(OrderType()==OP_BUY)     //오더 타입이 매수주문이면 아래 실행
          {
```

```
        Bcount++;   //전체 매수오더 개수 카운팅
        Bprofit = Bprofit + OrderProfit() + OrderSwap() + OrderCommission();
        //전체 매수오더의 손익계산
        Bopen = OrderOpenPrice();   //최근 오픈매수포지션의 오픈가격 기록
       }
     if(OrderType()==OP_SELL)   //오더 타입이 매도주문이면 아래 실행
       {
        Scount++;   //전체 매도오더 개수 카운팅
        Sprofit = Sprofit + OrderProfit() + OrderSwap() + OrderCommission();
        //전체 매도오더의 손익계산
        Sopen = OrderOpenPrice();   //최근 오픈매도포지션의 오픈가격 기록
       }
     }
  }


//------------------------포지션 청산구문

if(Bcount > 0)     //현재 오픈 매수포지션의 개수가 '0'보다 크다면
  {
   if(Bprofit > TPamount || Bprofit < -SLamount)   //전체 매수포지션의 손익 총합이
                                                           TPamount보다 크거나,
                                                          -SLamount보다 작다면

     {
      CloseAll();   //전체 오픈포지션 청산(사용자함수)
     }
  }
if(Scount > 0)    //현재 오픈 매도포지션의 개수가 '0'보다 크다면
  {
   if(Sprofit > TPamount || Sprofit < -SLamount)   //전체 매도포지션의 손익 총합이
                                                           TPamount보다 크거나,
                                                          -SLamount보다 작다면
     {
      CloseAll();   //전체 오픈포지션 청산(사용자함수)
     }
  }
```

//-----------------------스프레드제한구문

if(MarketInfo(Symbol(),MODE_SPREAD) > SpreadLimit)   //현재 스프레드가
                                                       SpreadLimit보다 크
                                                       다면
 {
  return(0);   //틱을 반환하며, 이하 아래구문이 읽히지 않도록 함
 }

//-----------------------첫 포지션 오픈구문

if(Bcount+Scount == 0)   //오픈되어 있는 매수매도포지션의 합이 '0'이라면
 {
   if(BUY_1_SELL_2 == 1)   //BUY_1_SELL_2외부변수가 '1'일 때
     {
       ticket = OrderSend(Symbol(),OP_BUY,LotsOpt(),Ask,10,0,0,"RangeMartingale",Magic,Blue);   //매수포지션 진입
       return(0);
     }
   if(BUY_1_SELL_2 == 2)   //BUY_1_SELL_2외부변수가 '2'일 때
     {
       ticket = OrderSend(Symbol(),OP_SELL,LotsOpt(),Bid,10,0,0,"RangeMartingale",Magic,Red);   //매도포지션 진입
       return(0);
     }
 }

//-----------------------추가 포지션 오픈구문

if(Bcount > 0)   //매수포지션이 '0'보다 크다면. 즉 매수포지션이 오픈되어 있는 상태에서
 {
   if(Ask < Bopen-Distance*Point*10)   //현재가격이 (Bopen(직전매수오픈포지션의 오
                                          픈가격) - Distance핍)보다 작을 때
     {
       ticket = OrderSend(Symbol(),OP_BUY,LotsOpt(),Ask,10,0,0,"RangeMartingale",Magic,Blue);   //추가매수포지션 오픈

```
      return(0);
    }
  }

if(Scount > 0)   //매도포지션이 '0'보다 크다면. 즉 매도포지션이 오픈되어 있는 상태에서
  {
   if(Bid > Sopen+Distance*Point*10)   //현재가격이 (Sopen(직전매도오픈포지션의 오
                                          픈가격) + Distance핍)보다 클 때
     {
      ticket = OrderSend(Symbol(),OP_SELL,LotsOpt(),Bid,10,0,0,"RangeMartingale",Magic,Red);   //추가매도포지션 오픈
      return(0);
     }
  }

return(0);
}



//----------------------전체청산 사용자함수
void CloseAll(int op_mode = -1)
{
 bool CloseCheck;
 for(int i=0;i<10;i++)
{
 int total = OrdersTotal();
 if(total==0) return;
 RefreshRates();
 for(int cnt = total-1; cnt>=0; cnt--)
   {
    if (OrderSelect(cnt, SELECT_BY_POS, MODE_TRADES) == TRUE)
      {
       if(OrderMagicNumber() == Magic)
         {
            if(OrderType() == OP_BUY) CloseCheck=OrderClose(OrderTicket(), OrderLots(), Bid, 10, White);
            if(OrderType() == OP_SELL) CloseCheck=OrderClose(OrderTicket(), OrderLots(), Ask, 10, White);
```

```
      }
     }
    }
  }
  return;
}


//------------------------랏사이즈 설정 사용자함수
double LotsOpt()
  {
   double lot;
   int PositionCount=0;
   double LotsVolume=0;
   for(int i=0;i<OrdersTotal();i++)
     {
      if(OrderSelect(i, SELECT_BY_POS, MODE_TRADES) == TRUE)
      if(OrderMagicNumber()==Magic)
        {
         PositionCount++;
         LotsVolume = OrderLots();
        }
     }
   if(PositionCount < 1)
     {
      lot = Lots;
     }
   if(PositionCount > 0)
     {
      lot = NormalizeDouble(LotsVolume*Martingale,2);
     }
   return(lot);
}
```

※ 원본 소스파일은 http://cafe.naver.com/mqlsystemtrading에서 다운로드할 수 있습니다. 본 서적에서 제공하는 MQL4소스들은 EA코딩 학습용으로만 활용해야 하며, 실 거래 적용에 따른 결과에 대한 책임은 사용자 본인에게 있습니다.

4-3. 추세장 절대수익 마틴게일 매매전략

[내용]

추세장 절대수익 마틴게일 매매전략은 차트상 일정간격을 가진 두 개의 가격지점을 두고, 윗 가격지점을 상승 돌파 시 매수, 아래 가격지점을 하락 돌파 시 매도하는 매매전략이며, 추가 포지션 진입 시 마틴게일 기법을 적용하여 랏 사이즈를 늘려 갑니다.

그러므로, 차트가 추세를 형성하여 상승 or 하락 관계없이 한 방향으로 흘러가면 전체 오픈 포지션의 손익이 수익을 형성하게 됩니다.

반면에, 추세 없이 횡보장만 지속되는 시장에서는 누적되는 랏 사이즈로 인해 증거금고갈이 발생할 수도 있으니 주의해야 합니다.

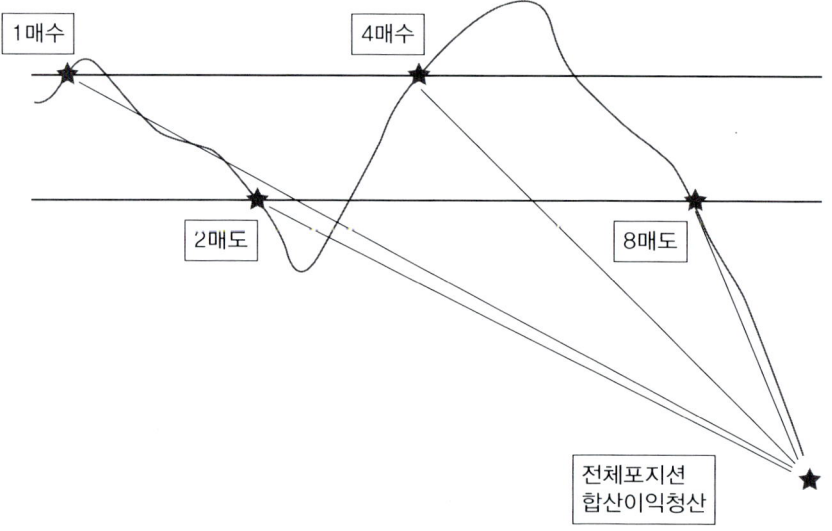

여기서는 기본 매매로직 소스코딩에 대해 다루며, 이를 응용하고 변수 값을 설정하는 건 코더가 직접 해 보기를 추천합니다.

[소스코딩]

검정색글자: 소스코딩
붉은색글자: 해설

```
//-------------------------------------------------------------------------------
extern int Magic = 1234;      //매직넘버 설정
extern double Lots = 0.01;    //랏사이즈 설정
extern int BUY_1_SELL_2 = 2;  //'1'은 첫진입 매수진입, '2'는 첫진입 매도진입
extern int GapDistance = 20;  //두 지점 간격(핍)
extern int TPamount = 1;      //오픈포지션 전체 합산수익 청산금액
extern int SLamount = 100000; //오픈포지션 전체 합산손실 청산금액
extern int SpreadLimit = 30;  //스프레드 진입제한(포인트)
extern double Martingale = 2.0; //마틴게일배수 설정

int start()
{

//변수 정의
int ticket;
bool SelectCheck;
int Bcount=0,Scount=0;
double Bprofit=0,Sprofit=0;
double Bopen=0,Sopen=0;

int BScheck=0;


//----------------------오픈포지션 개수/손익합/오픈가격을 체크하기 위해 for구문 사용

for(int i=0;i<OrdersTotal();i++)    //현재 오픈포지션을 대상으로
  {
```

```
      SelectCheck=OrderSelect(i, SELECT_BY_POS, MODE_TRADES);   //개별 오픈포
                                                                  지션을 잡음
    if(OrderMagicNumber()==Magic)   //개별 오픈포지션의 매직넘버 확인
      {
       if(OrderType()==OP_BUY)    //오더 타입이 매수주문이면 아래 실행
         {
          Bcount++;   //전체 매수오더 개수 카운팅
          Bprofit = Bprofit + OrderProfit() + OrderSwap() + OrderCommission();
          //전체 매수오더의 손익계산
          Bopen = OrderOpenPrice();    //가장 최근 오픈매수포지션의 오픈가격 기록
          BScheck = 1;
         }
       if(OrderType()==OP_SELL)    //오더 타입이 매도주문이면 아래 실행
         {
          Scount++;   //전체 매도오더 개수 카운팅
          Sprofit = Sprofit + OrderProfit() + OrderSwap() + OrderCommission();
          //전체 매도오더의 손익계산
          Sopen = OrderOpenPrice();    //최근 오픈매도포지션의 오픈가격 기록
          BScheck = 2;
         }
      }
   }


//----------------------포지션 청산구문

if(Bcount+Scount > 0)    //오픈포지션이 있다면
  {
   if(Bprofit+Sprofit > TPamount || Bprofit+Sprofit < -SLamount)
    //전체오픈포지션들의 합이 TPamount보다 크거나, -SLamount보다 작다면
     {
      CloseAll();    //전체 오픈포지션 청산(사용자함수)
     }
  }


//----------------------스프레드제한구문
```

```
if(MarketInfo(Symbol(),MODE_SPREAD) > SpreadLimit)
//현재 스프레드가 SpreadLimit보다 크다면
 {
  return(0);   //틱을 반환하며, 이하 아래구문이 읽히지 않도록 함
 }



//-----------------------첫 포지션 오픈구문
if(Bcount+Scount == 0)   //오픈포지션이 없다면
 {
  if(BUY_1_SELL_2 == 1)   //BUY_1_SELL_2외부변수가 '1'일 때
   {
    ticket = OrderSend(Symbol(),OP_BUY,LotsOpt(),Ask,10,0,0,"TrendMartingale",Magic,Blue);   //매수포지션 진입
    return(0);
   }
  if(BUY_1_SELL_2 == 2)   //BUY_1_SELL_2외부변수가 '2'일 때
   {
    ticket = OrderSend(Symbol(),OP_SELL,LotsOpt(),Bid,10,0,0,"TrendMartingale",Magic,Red);   //매도포지션 진입
    return(0);
   }
 }



//-----------------------추가 포지션 오픈구문



if(BScheck == 1)   //BScheck변수가 '1'이라면, 즉 가장 최근 오픈포지션이 '매수'포지션이라면,
 {
  if(Bid < Bopen-GapDistance*Point*10)   //현재가격이 가장 최근 매수 포지션오픈가격
                                          -GapDistance핍보다 하락하는 시점에
   {
    ticket = OrderSend(Symbol(),OP_SELL,LotsOpt(),Bid,10,0,0,"TrendMartingale",Magic,Red);   //추가매도포지션 오픈
    return(0);
```

       }
     }

  if(BScheck == 2)   //BScheck변수가 '2'라면, 즉 가장 최근 오픈포지션이 '매도'포지션이라면,
   {
     if(Ask > Sopen+GapDistance*Point*10)   //현재가격이 가장 최근 매도포지션오픈가
                                                                격   +GapDistance핍보다 상승
                                                                하는 시점에
      {
        ticket = OrderSend(Symbol(),OP_BUY,LotsOpt(),Ask,10,0,0,"TrendMartin
gale",Magic,Blue);   //추가매수포지션 오픈
         return(0);
       }
    }

return(0);
}

//----------------------전체청산 사용자함수
void CloseAll(int op_mode = -1)
{
 bool CloseCheck;
 for(int i=0;i<10;i++)
{
 int total = OrdersTotal();
 if(total==0) return;
 RefreshRates();
 for(int cnt = total-1; cnt>=0; cnt--)
   {
    if (OrderSelect(cnt, SELECT_BY_POS, MODE_TRADES) == TRUE)
      {
       if(OrderMagicNumber() == Magic)
         {
            if(OrderType() == OP_BUY) CloseCheck=OrderClose(OrderTicket(),
OrderLots(), Bid, 10, White);
            if(OrderType() == OP_SELL) CloseCheck=OrderClose(OrderTicket(),
OrderLots(), Ask, 10, White);

```
        }
      }
    }
  }
return;
}

//------------------------랏사이즈 설정 사용자함수
double LotsOpt()
  {
   double lot;
   int PositionCount=0;
   double LotsVolume=0;
   for(int i=0;i<OrdersTotal();i++)
     {
      if(OrderSelect(i, SELECT_BY_POS, MODE_TRADES) == TRUE)
      if(OrderMagicNumber()==Magic)
        {
         PositionCount++;
         LotsVolume = OrderLots();
        }
     }
   if(PositionCount < 1)
     {
      lot = Lots;
     }
   if(PositionCount > 0)
     {
      lot = NormalizeDouble(LotsVolume*Martingale,2);
     }
   return(lot);
  }
```

※ 원본 소스파일은 http://cafe.naver.com/mqlsystemtrading에서 다운로드할 수 있습니다. 본 서적에서 제공하는 MQL4소스들은 EA코딩 학습용으로만 활용해야 하며, 실 거래 적용에 따른 결과에 대한 책임은 사용자 본인에게 있습니다.

❺ 청산전략

포지션(오더) 진입 시점이 중요하듯, 포지션 청산 또한 중요합니다. 다양한 청산 기법이 있으며, 아래에서는 일반적으로 많이 사용되는 청산기법들에 대해 알아보겠습니다.

5-1. 핍청산

포지션 진입 시점을 기준으로 손절매 핍 거리와 이익실현 핍 거리를 설정하는 방법입니다. OrderModify함수(Ch.4. 이동평균선EA 소스참고)를 활용하여, 지정가로 청산시점을 설정하는 방법이 있으며, 변수를 활용하여 지정가가 아닌 현재가로 청산할 수도 있습니다.

5-2. 금액청산

오픈포지션의 손익이 이익 혹은 손실일 때, 금액 기준으로 청산하는 방법입니다. (Ch.4. 에버리징EA 소스참고). 전체 오픈 포지션 관리에 유용하며, 전체로스컷 설정에 많이 사용됩니다.

5-3. 조건청산

손절매 핍과 이익실현 핍을 정하지 않고, 트레이더가 원하는 조건이 왔을 때 오픈 포지션을 청산하는 방법입니다. (Ch.4. RSI상대강도지수 EA 소스참고). 청산시점을 트레이더의 매매전략에 따라 다이나믹하게 바꿀 수 있습니다.

5-4. 부분청산

MT4에서는 오픈포지션의 랏 사이즈를 분할하여 청산하는 기능을 제공합니다. 오픈포지션의 수익이 어느정도 진행된 상태에서 최소한의 수익 확보를 위해 분할청산 전략을 사용합니다. OrderClose()함수의 속성 중, 랏 사이즈 설정에서 부분청산할 랏 사이즈를 정할 수 있습니다.

⑥ EA 프로그램 보안설정

EA를 제3자에게 전달하게 되는 경우, EA가 오남용되는 것을 방지하고 적절한 통제하에 둬야 할 필요가 있습니다. 그리고 EA를 활용하여 비즈니스를 한다면 프로그램 보안은 반드시 병행되어야 합니다.
EA소스 보안 설정하는 방법에 대해 알아보겠습니다.

6-1. 비밀번호 보안설정

EA에 비밀번호를 설정하여, 해당 비밀번호가 입력된 경우에만 EA가 구동되도록 하는 방법에 대해 보겠습니다.

[구현로직]
비밀번호 '1234567'을 설정하여, 비밀번호 입력이 틀린 경우 EA구동 금지

[소스코딩]
검정색글자: 소스코딩
붉은색글자: 해설

```
//-----------------------------------------------------------------------------
extern int Password = 0;   //외부변수에 'Password'변수 설정
int start()
{
```

```
if(Password != 1234567)    //start구문 안 가장 위에 비밀번호 비교 조건문 삽입
{
return(0);  //비밀번호가 '1234567'과 같지 않은 경우, 틱을 리턴함으로써 이 아래 구문들이 읽히
            지 않도록 함.
}
//아래 EA소스코딩
return(0);
}
//--------------------------------------------------------------------------------
```

6-2. 지정된 계좌에서만 구동되도록 보안설정

EA에 사용자의 MT4플랫폼 계좌번호를 설정하여, 해당 계좌에서만 EA가 구동되도록 하는 방법에 대해 보겠습니다.

[구현로직]

MT4플랫폼 계좌번호가 '1234567'인 계좌에서만 EA구동 허용

[소스코딩]

검정색글자: 소스코딩
붉은색글자: 해설

```
//--------------------------------------------------------------------------------
int start()
{
if(AccountNumber() != 1234567)    //EA가 구동되는 MT4플랫폼 계좌번호가 '1234567'
                                    이 아니면
{
```

```
Print("Please check your Account Number.");    //프린트
return(0);    //MT4플랫폼 계좌번호가 '1234567'과 같지 않은 경우, 틱을 리턴함으로써 이 아래
              구문들이 읽히지 않도록 함.
}
```
//아래 EA소스코딩
```
return(0);
}
//--------------------------------------------------------------------------------
```

6-3. 기간 보안설정

EA에 기간을 설정하여, 해당 기간까지만 EA가 구동되도록 설정하는 방법에 대해 보겠습니다.

[구현로직]

2016년 3월까지만 EA구동 허용

[소스코딩]

검정색글자: 소스코딩
붉은색글자: 해설
```
//--------------------------------------------------------------------------------
int start()
{
if(Year() == 2016 && Month() > 3)    //연도가 2016년이며, 월이 3월보다 크다면
  {
   Print("EA expired");    //프린트
   return(0);    //리턴
  }
```

```
if(Year() > 2016)    //연도가 2016을 초과한다면
  {
   Print("EA expired");   //프린트
   return(0);   //리턴
  }
//이하 EA소스코딩
return(0);
}
//-----------------------------------------------------------------------------------
```

CHAPTER 05

모니터링 및 관리

1. Robust한 전략 및 코딩법 | 2. 모니터링 사이트 연동 | 3. VPS서버 운영 | 4. 무료EA개발 툴

CHAPTER 05 모니터링 및 관리

FOREIGN EXCHANGE ALGORITHM LAB

❶ Robust한 전략 및 코딩법

1-1. 전략 수립/코딩 시 꼭 알아야 할 사항

1-1-1. 스캘핑 전략

스캘핑이라 불리는 초단타 매매는 거래환경에 따라 수익/손실금액이 크게 변합니다. 과거백테스트상에서는 우수한 성적을 보이더라도, 실계좌 전진테스트에서는 백테스트와 다른 결과가 자주 나오게 됩니다. 그 이유로는 실제 거래환경에서의 슬리피지, 호가부족, 주문지연, 주문거부, 스프레드확대, 서버breakdown과 같은 예상치 못한 문제점들이 발생할 소지가 다분하기 때문입니다.

포지션 진입 후 수초 안에 청산하는 스캘핑 매매전략은, 거래환경(선물사환경/서버환경/EA코딩 등)을 충분히 고려하여 EA가 최적의 성능을 낼 수 있도록 거래체결 환경을 만들어야 합니다.

1-1-2. '틱'을 사용한 전략

호가, 즉 '틱'의 움직임을 분석하여 EA매매로직을 코딩할 경우, 메타플랫폼 백테스트(전략시뮬레이션)의 신뢰도가 떨어집니다. 메타플랫폼 기록실 과거데이터 내에 있는 캔들의 시고저종 가격(틱) 값은 실제호가(틱)와 100%동일하나, 해당 캔들을 구성하고 있는 틱의 값은 실제틱 값과는 다른 값을 가지고 있습니다.

해결 방법으로는, 자신이 직접 틱데이터를 실시간 다운로드 받은 후 메타플랫폼에 강제로 밀어 넣어주는 방법이 있습니다. 이럴경우 99%퀄리티의 테스트 결과를 얻을 수 있습니다.

1-1-3. 시가(Open Price)전략

캔들봉의 시가를 사용하여 전략을 짜는 경우, 백테스트에 소요되는 시간을 획기적으로 줄일 수 있습니다. 메타플랫폼에서는 시가(Open Price) 백테스트를 지원하고 있습니다.

1-1-4. 슬리피지 및 스프레드 확인

과도한 체결밀림 및 스프레드벌어짐과 같은 경우가 지속적으로 발생할 경우, EA 주문의 진입/청산 신호가 나간 시점의 호가와 스프레드, 그리고 실제 체결가격을 로그로 남겨 기록해 둡니다. 이 데이터를 바탕으로 시정조치요구 및 손해배상 근거자료로 활용할 수 있습니다.

1-1-5. 경제지표 발표 시 거래주의

경제지표 및 연설 발표가 있는 시간에는 스프레드가 (EURUSD기준) 많게는 10핍 이상씩 벌어지기도 합니다. 발표 시간대에는 거래를 하지 않도록 로직을 설계하던지, 스프레드가 일정 핍 이하일 때만 진입하도록 매매 로직을 만들어야 합니다.

1-2. 백테스트의 신뢰도 향상(전략시뮬레이션)

메타플랫폼에서는 '전략과거(백)테스트' 기능을 제공합니다. 타 tool들을 통해서도 시스템 트레이딩 매매전략 과거테스트가 가능하지만, 메타플랫폼만큼이나 대중적이며 광범위하며 정확도 있고 경제적이며 확장성 있는 매매전략테스터기는 거의 존재하지 않습니다.
매매전략 과거시뮬레이션 테스트의 장단점과, 특히 외환마진상품을 거래하는 메타플랫폼에서의 과거테스트의 특징에 대해 알아보겠습니다.

우선, 백테스트를 하기 전에 백테스트를 하는 금융상품자체의 특성에 대해 알아야 합니다.

[외환마진상품 특징]

1. 물량한도가 없으므로 포지션보유에 제한이 없음. 단, 슬리피지 발생 가능성이 존재하며 거래선물사 정책에 따라 진입 랏 사이즈와 개수에 제한이 있을 수 있음.
2. 장외상품 특성 상, Liquidity Provider에 따라 호가(틱)에 편차가 발생.
3. 양방향(매수/매도) 포지션 매매
4. 스프레드 존재(거래수수료)
5. 보유포지션에 대한 롤오버 이자지급
6. 선물사에 따라 거래 당 커미션이 따로 존재하기도 함.
7. 실거래에서 호가(틱)유실/슬리피지/리쿼트/서버정지/스프레드벌어짐 현상 발생

처음 백테스트에 대해 알게 되었을 때, 세상을 다 가진 생각이 들게 마련입니다. '백테스트에서 수익 나는 전략들 여러 개를 포트폴리오로 구성하여 운용한다면, 수익만 날 것 같은데? 과연 손실이 날까?'

그리하여, 백테스트 결과를 맹신한 결과는 그 누구도 장담하지 못합니다.

왜냐하면, 백테스트와 실거래에서의 환경차이와 상품특성 차이로 인해 전혀 의미 없는 결과가 나오기 때문입니다.

그렇다면 메타트레이더 백테스트는 의미 없는 테스트인가?

그렇지 않습니다. 외환마진상품의 특성과 백테스트 환경의 특징 및 한계를 알고 있다면, 주어진 환경에서 백테스트 환경과 라이브환경에서 동일한 performance를 내는 Expert Advisor ea자동매매 로직 개발이 가능합니다.
호가(틱)유실과 슬리피지, 리쿼트 및 서버정지, 그리고 스프레드 벌어짐 등과 같은 실계좌에서만 발생하는 환경적인 문제들을 극복하는 Robust한 전략, 즉 시장환경에 '둔감'한 전략을 만들어야 합니다.

1-2-1. 백테스트결과 == 라이브결과(결과가 동일한 경우)

a. 가격 움직임에 기반한 전략
차트호가의 전체적인 움직임을 담는 매매전략이며, 캔들시간봉에 상관없이 동일한 성적을 내는 매매 전략

b. 캔들봉 시작가 활용전략
캔들봉의 시작가만을 백테스트 대상 샘플로 활용하여 매매로직을 개발.
장외상품 특성상, 선물사 간 호가 차이로 인해 '호가의 개수'가 다르며 '현재가'가 다릅니다. 이러한 호가들의 대표가 되는 하나의 가격, 즉 '캔들 시작가'로 매매전략을 짜는 것입니다. 호가개수 및 가격range의 정규분포로 인해 캔들의 시간봉이 커질수록 테스트의 신뢰도는 더욱 올라가게 됩니다.

c. 스윙트레이딩

오픈 포지션의 보유기간이 긴 스윙 이상의 중장기 매매전략

1-2-2. 백테스트결과 != 라이브결과(결과가 다른 경우)

a. 스캘핑

메타플랫폼의 과거테스트 환경에서 제공하는 틱데이터의 개별 호가 생성 시간이 플랫폼 시스템상 임의로 정해지기 때문에, 포지션 진입 후 수초에서 수분 이내에 청산하는 매매전략은 백테스트의 신뢰도가 떨어집니다.

b. 디테일한 패턴전략

디테일하다는 말은 호가(틱, 즉 가격)의 위치를 하나하나 잡는다는 뜻입니다. 그러므로 위에서 설명한 바와 같이 가격 하나하나의 패턴을 잡는 로직은 백테스트 결과를 신뢰하기 어렵습니다.

또한, 매매로직을 구상하고 백테스트를 진행할 때 고려해야 될 부분들이 있습니다.

a) 진입 및 청산 주문이 거부되거나 슬리피지가 발생한다거나 순간 스프레드가 벌어진 상황 등 이러한 경우에 어떻게 대처할 것인가?(이러한 문제에 대한 고민은 최상의 인큐베이터 안과 같은 백테스트상에서의 결과를 실계좌 performance로 이어주는 역할을 하게 됩니다)

b) 인터넷 끊김, 윈도우업데이트 등과 같은 문제로 인해 거래 플랫폼이 꺼지거나 프로그램이 종료되었을 때 어떻게 대처할 것인가?

c) 자신이 거래 중인 선물사가 악의적인 매매환경 조작을 가할 때 어떻게 대처할 것인가?

❷ 모니터링 사이트 연동

MT4플랫폼 계좌를 모니터링 사이트에 연동하여, 실시간으로 매매성적을 모니터링할 수 있습니다. 무료로 연동서비스를 이용할 수 있으며, 모니터링 사이트 연동을 통해, 세부적인 매매성적 분석이 제공됩니다.

이러한 연동사이트들을 아래와 같이 활용합니다.
- Performance 관리
- 검증된 연동사이트를 통해 제3자에게 매매성적을 공개하는 채널로 활용

2-1. myfxbook.com연동

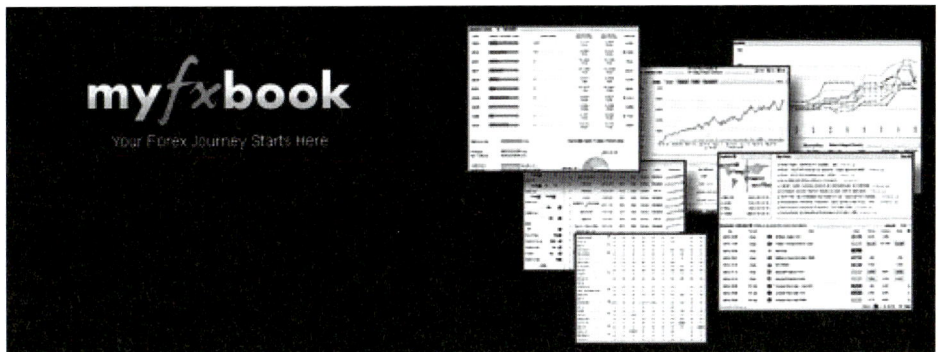

[웹사이트 주소]

www.myfxbook.com

[모니터링 연동 절차]

Myfxbook.com웹사이트 회원가입 - 상단메뉴 중 'Portfolio' 클릭 - 'Add Account' - My platform is선택에서 'Metatrader4(Publisher)' 선택 - 계좌정보 입력 후 매뉴얼에 따라 진행

[내용]

전세계 외환마진 트레이더들이 가장 많이 이용하는 커뮤니티 웹사이트들 중 하나입니다. 계좌 모니터링 연동 서비스뿐만 아니라, 선물사 평가, EA평가, 매매대회, 시그널서비스, 각종 리뷰와 포럼을 통한 유저들의 활발한 커뮤니티 활동이 이루어지고 있습니다.

2-2. fxblue.com연동

[웹사이트 주소]

www.fxblue.com

[모니터링 연동 절차]

1. fxblue.com웹사이트 메인페이지 'FX Blue Live'클릭.
2. Register with FX Blue Live란에서 'Publisher app/EA'와 'Account sync' 두 가지 형태의 연동서비스를 제공합니다.

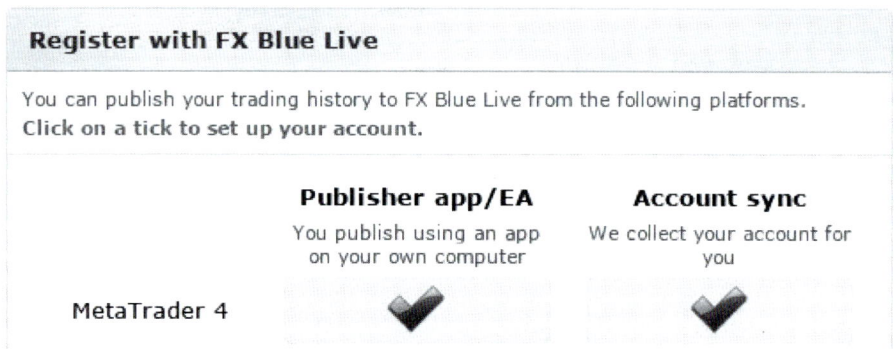

'Publisher app/EA'는 사용자의 MT4플랫폼에 FX blue 시그널EA를 설치하여 연동하는 방식이며, 'Account sync'는 관람자 비밀번호(Investor password)를 입력하여 연동하는 방식입니다. 사용자의 편의에 따라 선택하면 됩니다.

[내용]

FXblue.com은 Myfxbook과 더불어 전세계 트레이더들이 애용하는 모니터링 연동 사이트입니다. 커뮤니티 웹사이트로서의 기능은 미흡하나, 시그널 연동 편의성이 뛰어납니다.

❸ VPS서버 운영

VPS는 'Virtual Private Server'의 줄임말로서 가상의 공간에 PC를 두고 사용하는 것을 뜻합니다. 그렇게 함으로써 물리적인 공간의 제약 없이 24시간 어디에 있든지 인터넷 연결만으로 자신의 PC에 접속하여 사용할 수 있습니다. EA는 24시간 MT4플랫폼에 장착되어 있어야 하기 때문에 PC가 항상 켜져 있어야 합니다. EA구동만을 위해 할당된 PC가 없다면 VPS를 사용하여 EA를 관리하는 게 바람직합니다.

VPS를 사용하는 일반적인 이유는 아래와 같습니다.
1. 정전 및 인터넷 끊김 등의 사고로부터 해방
2. 로컬pc의 인적사고, 전기세, 고장, 소음문제 해결

그리고 VPS사용의 가장 큰 장점으로는 아래와 같습니다.
1. EA구동의 안정성
2. 주문체결속도 향상
3. 보다 좋은 호가에 주문체결

3-1. 해외업체

[이름]

CNS(Commercial Network Services)

[주소]

www.commercialnetworkservices.com

[특징]

CNS는 MT4플랫폼 사용자들이 가장 많이 사용하는 VPS업체 중 하나이며, 신속한 고객대응과 다양한 VPS상품제공, 그리고 안정성 있는 VPS 제공이 가장 큰 장점입니다. 외환마진 상품을 취급하는 선물사들과 해당 업체의 데이터센터 간 latency를 비롯해서 다양한 정보를 제공합니다.

[가격]

상품 옵션에 따라서 가격은 천차만별이나, 기본옵션(640MB RAM)은 월 $30입니다.

3-2. 국내업체

[이름]

스쿨호스팅

[주소]

www.phps.kr

[특징]

저렴한 가격에 서비스가 제공되며, 한국어로 모든 서비스를 이용할 수 있습니다.

[가격]

상품 옵션에 따라서 가격은 천차만별이나, 윈도우 기반 기본옵션(1G RAM)은 월 14,500원입니다.

❹ 무료EA개발 툴

버튼 클릭 형태로 EA개발이 가능한 툴들을 무료로 사용할 수 있습니다.

[무료 EA 빌더]

http://sufx.core.t3-ism.net/ExpertAdvisorBuilder/

http://fxeabuilder.com/

http://www.forexeadvisor.com/

[장점]

손쉽게 EA를 만들 수 있으며, 이렇게 만들어진 EA의 소스코딩 구성을 사용자가 직접 확인해 볼 수 있습니다. EA를 처음 접하는 사용자들은 본인의 매매로직이 어떻게 구성되는지 확인할 수 있기 때문에 소스 학습용으로 이용하기에 좋습니다.

[단점]

해당 tool이 지원하는 기능만 사용할 수 있기 때문에, 매매전략의 세부적인 로직을 구현하기에는 한계가 있습니다.

APPENDIX

함수
(Functions)

APPENDIX 함수(Functions)

FOREIGN EXCHANGE ALGORITHM LAB

메타4는 강력한 함수기능을 제공합니다. 코더의 별도 소스작업 없이도, 메타4에서 기본적으로 제공하는 함수들을 사용하여 코더가 원하는 기능을 구현할 수 있습니다. 많은 함수들이 있지만, 여기에서는 일부 많이 사용되는 함수들에 대해 알아보겠습니다. 함수들을 모두 외울 필요는 없으며, 필요한 함수가 있을 때마다 메타에디터 상에서 'F1' 도움말 기능을 통해 검색하여 사용할 수 있습니다.

※ 개별 함수들의 사용예제, 샘플, 설명은 메타에디터 'F1도움말'에서 확인할 수 있습니다.

❶ 일반 함수

함수	설명

Alert	화면에 메시지 알림박스 생성
	
	void Alert(
	   argument, //첫번째 값
	   ... //두번째 값
	   );

Comment	차트화면 좌측 상단에, 사용자가 정의한 코멘트 생성
	
	void Comment(
	   argument, //첫번째 값
	   ... //다음 값
	   );

GetTickCount	시스템이 작동한 후, 현재까지 시간을 밀리세컨드로 표시 uint GetTickCount();

MarketInfo	'종합시세'창에 나타난 다양한 상품정보를 불러옴
	
	double MarketInfo(
	   string symbol, //통화쌍
	   int type //정보 타입
	   );

MessageBox	화면에 메시지박스 표시
	
	int MessageBox(
	   string text, //메시지 텍스트
	   string caption=NULL, //박스 헤더
	   int flags=0 //박스 안 버튼 정의
	   );

함수	설명

PlaySound	사운드 파일 작동(저장경로: terminal_dir/sounds)
	
	bool PlaySound(
	  string filename //파일이름
	  );

Print	experts탭에 로그 프린트
	
	void Print(
	  argument, //첫번째 값
	  ... //다음 값
	  );

SendFTP	파일 전송
	
	bool SendFTP(
	  string filename, //FTP로 보내질 파일
	  string ftp_path=NULL //FTP 카탈로그
	  );

SendMail	이메일 전송
	
	bool SendMail(
	  string subject, //헤더
	  string some_text //이메일 텍스트
	  );

Sleep	EA작동 중단
	
	void Sleep(
	  int milliseconds //인터벌
	  );

Period	현재 차트의 시간캔들을 불러옴 int Period();
RefreshRates	변수와 시간배열 업데이트 bool RefreshRates();

함수	설명
Symbol	현재 통화쌍을 불러옴 string Symbol();

❷ 데이터 변환 함수

함수	설명

DoubleToStr	숫자값을 문자값으로 변환
	
	string DoubleToStr(
	  int value, //값
	  int digits //정밀도
	  );

NormalizeDouble	지정된 소수점까지만 표시
	
	double NormalizeDouble(
	  double value, //값
	  int digits //소수점 자리수
	  );

StrToDouble	문자타입을 더블타입으로 변환
	
	double StrToDouble(
	  string value //값
	  );

StrToInteger	문자타입을 인티져타입으로 변환
	
	int StrToInteger(
	  string value //스트링
	  );

함수	설명

StrToTime	문자타입을 시간타입으로 변환
	
	datetime StrToTime(
	   string value **//스트링**
	   );

TimeToStr	시간타입을 문자타입으로 변환
	
	string TimeToStr(
	   datetime value, **//값**
	   int mode=TIME_DATE|TIME_MINUTES **//포맷**
	   );

❸ 날짜와 시간 함수

함수	설명
Day	현재 날짜 '일' int Day();
DayOfWeek	현재 요일 (sunday-0,1,2,3,4,5,6) int DayOfWeek();
DayOfYear	365일 중 현재 날 int DayOfYear();
Hour	현재 시간 (0,1,2,…23) int Hour();

Minute	현재 분 (1,2,..59) int Minute();
Month	현재 월 (1-January,2,3,4,5,6,7,8,9,10,11,12) int Month();
Seconds	현재 초 (1,2,..59) int Seconds();
TimeCurrent	현재 초 (00:00 January 1-st of 1970부터 현재까지) datetime TimeCurrent();
Year	현재 년 int Year();

❹ 시계열 함수

함수	설명

iBars	지정된 차트의 캔들 개수
	
	 int iBars(
	    string symbol, //통화쌍
	    int timeframe //시간봉
	    );

함수	설명
iClose	지정된 통화쌍과 시간봉의 종가

	double iClose(
	    string symbol, //통화쌍
	    int timeframe, //시간봉
	    int shift //쉬프트
	);

iHigh	지정된 통화쌍과 시간봉의 고가

	double iHigh(
	    string symbol, //통화쌍
	    int timeframe, //시간봉
	    int shift //쉬프트
	);

iHighest	최고가의 인덱스

	int iHighest(
	    string symbol, //통화쌍
	    int timeframe, //시간봉
	    int type, //타임시리즈
	    int count, //카운트
	    int start //시작 인덱스
	);

iLow	지정된 통화쌍과 시간봉의 저가

	double iLow(
	    string symbol, //통화쌍
	    int timeframe, //시간봉
	    int shift //쉬프트
	);

함수	설명

iLowest	최저가의 인덱스
	
	int iLowest(
	    string symbol, //통화쌍
	    int timeframe, //시간봉
	    int type, //타임시리즈
	    int count, //카운트
	    int start //시작 인덱스
	    );

iOpen	지정된 통화쌍과 시간봉의 시가
	
	double iOpen(
	    string symbol, //통화쌍
	    int timeframe, //시간봉
	    int shift //쉬프트
	    );

iTime	지정된 통화쌍과 시간봉의 시간
	
	datetime iTime(
	    string symbol, //통화쌍
	    int timeframe, //시간봉
	    int shift //쉬프트
	    );

iVolume	지정된 통화쌍과 시간봉의 틱 볼륨
	
	long iVolume(
	    string symbol, //통화쌍
	    int timeframe, //시간봉
	    int shift //쉬프트
	    );

5 계산 함수

함수	설명
MathAbs	절대값
	``` double MathAbs(double value //숫자 값); ```
MathArccos	아크코사인
	``` double MathArccos(double val //-1<값<1); ```
MathArcsin	아크사인
	``` double MathArcsin(double val //-1<값<1); ```
MathArctan	아크탄젠트
	``` double MathArctan(double value //탄젠트); ```
MathCeil	소수점 올림
	``` double MathCeil(double val //숫자 값); ```
MathCos	각도 코사인
	``` double MathCos(double value //숫자 값); ```

함수	설명

MathFloor	소수점 내림
	double MathFloor(
	   double val //숫자 값
	   );

MathLog	자연로그
	double MathLog(
	   double val //로그 값
	   );

MathMax	두 값 중, 최고 값 선정
	double MathMax(
	   double value1, //첫 번째 값
	   double value2 //두 번째 값
	   );

MathMin	두 값 중, 최저 값 선정
	double MathMin(
	   double value1, //첫 번째 값
	   double value2 //두 번째 값
	   );

MathMod	두 값 중, 나눈 값의 나머지 리턴
	double MathMod(
	   double value, //나뉨수 값
	   double value2 //나눗수 값
	   );

MathPow	제곱 값
	double MathPow(
	   double base, //기본
	   double exponent //멱수 값
	   );

함수	설명
MathRand	난수 생성 (0~32767) int MathRand();

MathRound	소수점 제거
	
	double MathRound(
	  double value //값
	  );

MathSin	각도 사인
	
	double MathSin(
	  double value //라디안
	  );

MathSqrt	제곱근
	
	double MathSqrt(
	  double value //양수
	  );

MathTan	탄젠트
	
	double MathTan(
	  double rad //라디안
	  );

❻ MT4터미널 정보 함수

함수	설명
TerminalCompany	사용자 터미널 소유 회사 string TerminalCompany();
TerminalName	사용자 터미널 이름 string TerminalName();
TerminalPath	사용자 터미널 저장경로 string TerminalPath();
GetLastError	에러코드 int GetLastError();
IsConnected	서버와 터미널 간 연결상태 표시 bool IsConnected();
IsDemo	프로그램이 데모에서 작동하는 경우 'true' 리턴 bool IsDemo();
IsDllsAllowed	EA작동 시 DLL이 허용되어 있다면 'true' 리턴 bool IsDllsAllowed();
IsExpertEnabled	EA작동이 허용되어 있다면 'true' 리턴 bool IsExpertEnabled();
IsLibrariesAllowed	라이브러리 기능이 정상 작동한다면 'true' 리턴 bool IsLibrariesAllowed();
IsOptimization	EA가 최적화가 진행된다면 'true' 리턴 bool IsOptimization();

함수	설명
IsStopped	프로그램이 작동금지 설정 시 'true' 리턴 bool IsStopped();
IsTesting	EA가 테스트 모드에서 작동한다면 'true' 리턴 bool IsTesting();
IsTradeAllowed	EA가 데이터 트래픽 관련, 정상 작동되도록 허용된다면 'true' 리턴 bool IsTradeAllowed();
IsTradeContextBusy	매매 트래픽이 혼잡하다면 'true' 리턴 bool IsTradeContextBusy();
IsVisualMode	'시각화'로 전략시뮬레이션이 진행된다면 'true' 리턴 bool IsVisualMode();

❼ 계좌 정보 함수

함수	설명
AccountBalance	계좌잔고(전일예탁잔고) double AccountBalance();
AccountCompany	계좌 선물사 string AccountCompany();

함수	설명
AccountCurrency	계좌 표시통화 string AccountCurrency();
AccountEquity	계좌 에쿼티잔고(평가예탁잔고) double AccountEquity();
AccountFreeMargin	계좌 사용가능마진 double AccountFreeMargin();
AccountLeverage	계좌 레버리지 int AccountLeverage();
AccountMargin	계좌 마진 double AccountMargin();
AccountName	계좌 사용자 이름 string AccountName();
AccountNumber	계좌 번호 int AccountNumber();
AccountProfit	계좌 수익 double AccountProfit();
AccountServer	계좌 서버 string AccountServer();
AccountStopoutLevel	계좌 스탑아웃레벨 int AccountStopoutLevel();

❽ 주문 관련 함수

함수	설명

OrderClose	오더 청산
	
	 bool OrderClose(
	   int ticket, //티켓넘버
	   double lots, //랏사이즈
	   double price, //청산 가격
	   int slippage, //슬리피지
	   color arrow_color //색상
	);

OrderClosePrice	오더의 청산 가격 double OrderClosePrice();
OrderCloseTime	오더의 청산 시간 datetime OrderCloseTime();
OrderComment	오더의 코멘트 string OrderComment();
OrderCommission	오더 커미션 double OrderCommission();

OrderDelete	오더 삭제 (예약가주문)
	
	 bool OrderDelete(
	   int ticket, //티켓넘버
	   color arrow_color //색상
	);

OrderLots	오더 랏 사이즈 double OrderLots();

함수	설명
OrderMagicNumber	오더 매직넘버 int OrderMagicNumber();

OrderModify	오더 변경
	
	bool OrderModify(
	   int ticket, //티켓넘버
	   double price, //가격
	   double stoploss, //손절매
	   double takeprofit, //이익실현
	   datetime expiration, //유효기간
	   color arrow_color //색상
	);

OrderOpenPrice	오더 오픈 가격 double OrderOpenPrice();
OrderOpenTime	오더 오픈 시간 datetime OrderOpenTime();
OrderPrint	오더 정보를 journal에 입력 void OrderPrint();
OrderProfit	오더 수익 double OrderProfit();

OrderSelect	오더 선택
	
	bool OrderSelect(
	   int index, //인덱스 혹은 오더티켓넘버
	   int select, //플래그
	   int pool=MODE_TRADES //모드
	);

함수	설명

OrderSend	오더 오픈
	
	int OrderSend(
	  string symbol, //통화쌍
	  int cmd, //오더의 종류
	  double volume, //랏 사이즈
	  double price, //가격
	  int slippage, //슬리피지
	  double stoploss, //손절매
	  double takeprofit, //이익실현
	  string comment=NULL, //코멘트
	  int magic=0, //매직넘버
	  datetime expiration=0, //지정가 주문 유효기간
	  color arrow_color=clrNONE //색상
	);

OrdersHistoryTotal	청산 및 삭제 된 오더의 개수 int OrdersHistoryTotal();
OrderStopLoss	오더 손절 double OrderStopLoss();
OrdersTotal	현재 오픈 오더의 개수 int OrdersTotal();
OrderSwap	오더 스왑 double OrderSwap();
OrderSymbol	오더 통화쌍 string OrderSymbol();
OrderTakeProfit	오더 이익실현 double OrderTakeProfit();

함수	설명
OrderTicket	오더 티켓넘버 int OrderTicket();
OrderType	오더 종류 int OrderType();

❾ 보조지표 함수

함수	설명

iAC	Accelerator Oscillator
	double iAC(
	   string symbol, //통화쌍
	   int timeframe, //시간봉
	   int shift //쉬프트
	);

iAD	Accumulation/Distribution
	double iAD(
	   string symbol, //통화쌍
	   int timeframe, //시간봉
	   int shift //쉬프트
	);

함수	설명

iADX	Average Directional Index
	
	double iADX(
	   string symbol, //통화쌍
	   int timeframe, //시간봉
	   int period, //기간
	   int applied_price, //적용 가격
	   int mode, //라인 인덱스
	   int shift //쉬프트
	);

iAlligator	엘리게이터
	
	double iAlligator(
	   string symbol, //통화쌍
	   int timeframe, //시간봉
	   int jaw_period, //턱 라인 기간
	   int jaw_shift, //턱 라인 쉬프트
	   int teeth_period, //이빨 라인 기간
	   int teeth_shift, //이빨 라인 쉬프트
	   int lips_period, //입술 라인 기간
	   int lips_shift, //입술 라인 쉬프트
	   int ma_method, //MA방법
	   int applied_price, //적용 가격
	   int mode, //라인 인덱스
	   int shift //쉬프트
	);

iAO	Awesome Oscillator
	
	double iAO(
	   string symbol, //통화쌍
	   int timeframe, //시간봉
	   int shift //쉬프트
	);

함수	설명

iATR	Average True Range
	
	double iATR(
	   string symbol, //통화쌍
	   int timeframe, //시간봉
	   int period, //기간
	   int shift //쉬프트
	);

iBearsPower	Bears Power
	
	double iBearsPower(
	   string symbol, //통화쌍
	   int timeframe, //시간봉
	   int period, //기간
	   int applied_price, //적용 가격
	   int shift //쉬프트
	);

iBands	볼린져밴드
	
	double iBands(
	   string symbol, //통화쌍
	   int timeframe, //시간봉
	   int period, //기간
	   double deviation, //승수
	   int bands_shift, //볼린져밴드 쉬프트
	   int applied_price, //적용 가격
	   int mode, //라인 인덱스
	   int shift //쉬프트
	);

함수	설명
iBandsOnArray	Calculation of Bollinger Bands® indicator on data, stored in a numeric array double iBandsOnArray(　　double　　array[],　　//데이터 어레이 　　int　　　　total,　　　//요소 개수 　　int　　　　period,　　 //기간 　　double　　deviation,　//편차 　　int　　　　bands_shift,//볼린져밴드 쉬프트 　　int　　　　mode,　　　 //라인 인덱스 　　int　　　　shift　　　 //쉬프트 　　);
iBullsPower	Bulls Power double iBullsPower(　　string　　symbol,　　　//통화쌍 　　int　　　　timeframe,　 //시간봉 　　int　　　　period,　　　//기간 　　int　　　　applied_price,//적용 가격 　　int　　　　shift　　　　//쉬프트 　　);
iCCI	Commodity Channel Index double iCCI(　　string　　symbol,　　　//통화쌍 　　int　　　　timeframe,　 //시간봉 　　int　　　　period,　　　//기간 　　int　　　　applied_price,//적용 가격 　　int　　　　shift　　　　//쉬프트 　　);

함수	설명

iCCIOnArray	Calculation of Commodity Channel Index indicator on data, stored in a numeric array
	
	double iCCIOnArray(
	   double array[], //데이터 어레이
	   int total, //요소 개수
	   int period, //기간
	   int shift //쉬프트
	   );

iCustom	사용자함수
	
	double iCustom(
	   string symbol, //통화쌍
	   int timeframe, //시간봉
	   string name, //인디케이터 이름
	   ... //인디케이터 외부변수
	   int mode, //라인 인덱스
	   int shift //쉬프트
	   );

iDeMarker	DeMarker
	
	double iDeMarker(
	   string symbol, //통화쌍
	   int timeframe, //시간봉
	   int period, //기간
	   int shift //쉬프트
	   );

함수	설명
| iEnvelopes | 엔벨로프 <br><br> ```
double  iEnvelopes(
    string    symbol,        //통화쌍
    int       timeframe,     //시간봉
    int       ma_period,     //MA 기간
    int       ma_method,     //MA 방법
    int       ma_shift,      //MA 쉬프트
    int       applied_price, //적용 가격
    double    deviation,     //편차 (in percents)
    int       mode,          //라인 인덱스
    int       shift          //쉬프트
);
``` |
| iEnvelopesOnArray | Calculation of Envelopes indicator on data, stored in a numeric array <br><br> ```
double  iEnvelopesOnArray(
    double    array[],       //어레이 데이터
    int       total,         //요소 개수
    int       ma_period,     //MA 기간
    int       ma_method,     //MA 방법
    int       ma_shift,      //MA 쉬프트
    double    deviation,     //편차 (in percents)
    int       mode,          //라인 인덱스
    int       shift          //쉬프트
);
``` |

함수	설명

iForce	Force Index
	
	double iForce(
	   string symbol, //통화쌍
	   int timeframe, //시간봉
	   int period, //기간
	   int ma_method, //MA방법
	   int applied_price, //적용 가격
	   int shift //쉬프트
	);

iFractals	Fractals
	
	double iFractals(
	   string symbol, //통화쌍
	   int timeframe, //시간봉
	   int mode, //라인 인덱스
	   int shift //쉬프트
	);

iGator	Gator Oscillator
	
	double iGator(
	   string symbol, //통화쌍
	   int timeframe, //시간봉
	   int jaw_period, //턱 라인 기간
	   int jaw_shift, //턱 라인 쉬프트
	   int teeth_period, //이빨 라인 기간
	   int teeth_shift, //이빨 라인 쉬프트
	   int lips_period, //입술 라인 기간
	   int lips_shift, //입술 라인 쉬프트
	   int ma_method, //MA 방법
	   int applied_price, //적용 가격
	   int mode, //라인 인덱스
	   int shift //쉬프트
	);

함수	설명

iIchimoku	일목균형표
	
	double iIchimoku(
	   string symbol, //통화쌍
	   int timeframe, //시간봉
	   int tenkan_sen, //Tenkan-sen line 기간
	   int kijun_sen, //Kijun-sen line 기간
	   int senkou_span_b, //Senkou Span B line 기간
	   int mode, //라인 인덱스
	   int shift //쉬프트
	);

iBWMFI	Market Facilitation Index by Bill Williams
	
	double iBWMFI(
	   string symbol, //통화쌍
	   int timeframe, //시간봉
	   int shift //쉬프트
	);

iMomentum	모멘텀
	
	double iMomentum(
	   string symbol, //통화쌍
	   int timeframe, //시간봉
	   int period, //기간
	   int applied_price, //적용 가격
	   int shift //쉬프트
	);

함수	설명

iMomentumOnArray	Calculation of Momentum indicator on data, stored in a numeric array
	
	double iMomentumOnArray(
	   double array[], //어레이 데이터
	   int total, //요소 개수
	   int period, //기간
	   int shift //쉬프트
	);

iMFI	Money Flow Index
	
	double iMFI(
	   string symbol, //통화쌍
	   int timeframe, //시간봉
	   int period, //기간
	   int shift //쉬프트
	);

iMA	이동평균선
	
	double iMA(
	   string symbol, //통화쌍
	   int timeframe, //시간봉
	   int ma_period, //MA 기간
	   int ma_shift, //MA 쉬프트
	   int ma_method, //MA 방법
	   int applied_price,//적용 가격
	   int shift //쉬프트
	);

함수	설명

iMAOnArray	Calculation of Moving Average indicator on data, stored in a numeric array
	
	double iMAOnArray(
	   double array[], //어레이 데이터
	   int total, //요소 개수
	   int ma_period, //MA 기간
	   int ma_shift, //MA 쉬프트
	   int ma_method, //MA 방법
	   int shift //쉬프트
	);

iOsMA	Moving Average of Oscillator (MACD histogram)
	
	double iOsMA(
	   string symbol, //통화쌍
	   int timeframe, //시간봉
	   int fast_ema_period, //Fast EMA 기간
	   int slow_ema_period, //Slow EMA 기간
	   int signal_period, //Signal line 기간
	   int applied_price, //적용 가격
	   int shift //쉬프트
	);

iMACD	Moving Averages Convergence-Divergence
	
	double iMACD(
	   string symbol, //통화쌍
	   int timeframe, //시간봉
	   int fast_ema_period, //Fast EMA 기간
	   int slow_ema_period, //Slow EMA 기간
	   int signal_period, //Signal line 기간
	   int applied_price, //적용 가격
	   int mode, //라인 인덱스
	);

함수	설명

iOBV	On Balance Volume
	
	double iOBV(
	   string symbol, //통화쌍
	   int timeframe, //시간봉
	   int applied_price, //적용 가격
	   int shift //쉬프트
	);

iSAR	파라볼릭SAR
	
	double iSAR(
	   string symbol, //통화쌍
	   int timeframe, //시간봉
	   double step, //단계
	   double maximum, //최고값
	   int shift //쉬프트
	);

iRSI	RSI상대강도지수
	
	double iRSI(
	   string symbol, //통화쌍
	   int timeframe, //시간봉
	   int period, //기간
	   int applied_price, //적용 가격
	   int shift //쉬프트
	);

iRSIOnArray	Calculation of Momentum indicator on data, stored in a numeric array
	
	double iRSIOnArray(
	   double array[], //어레이 데이터
	   int total, //요소 개수
	   int period, //기간
	   int shift //쉬프트
	);

함수	설명

iRVI	Relative Vigor Index
	
	double iRVI(
	   string symbol, //통화쌍
	   int timeframe, //시간봉
	   int period, //기간
	   int mode, //라인 인덱스
	   int shift //쉬프트
	);

iStdDev	Standard Deviation
	
	double iStdDev(
	   string symbol, //통화쌍
	   int timeframe, //시간봉
	   int ma_period, //MA 기간
	   int ma_shift, //MA 쉬프트
	   int ma_method, //MA 방법
	   int applied_price, //적용 가격
	   int shift //쉬프트
	);

iStdDevOnArray	Calculation of Standard Deviation indicator on data, stored in a numeric array
	
	double iStdDevOnArray(
	   double array[], //어레이 데이터
	   int total, //요소 개수
	   int ma_period, //MA 기간
	   int ma_shift, //MA 쉬프트
	   int ma_method, //MA 방법
	   int shift //쉬프트
	);

함수	설명

iStochastic	스토캐스틱
	
	double iStochastic(
	   string symbol, //통화쌍
	   int timeframe, //시간봉
	   int Kperiod, //K line 기간
	   int Dperiod, //D line 기간
	   int slowing, //슬로잉
	   int method, //방법
	   int price_field, //가격 (Low/High or Close/Close)
	   int mode, //라인 인덱스
	   int shift //쉬프트
	);

iWPR	Williams' Percent Range
	
	double iWPR(
	   string symbol, //통화쌍
	   int timeframe, //시간봉
	   int period, //기간
	   int shift //쉬프트
	);